O acesso aos *metadados* pelos serviços de informações da República Portuguesa à luz da Lei e da Constituição

2019

Mariana Gomes Machado

ALMEDINA

O ACESSO AOS *METADADOS* PELOS SERVIÇOS DE INFORMAÇÕES DA REPÚBLICA PORTUGUESA À LUZ DA LEI E DA CONSTITUIÇÃO

AUTORA
Mariana Gomes Machado

EDITOR
EDIÇÕES ALMEDINA, S.A.
Rua Fernandes Tomás, n.ºs 76, 78 e 80
3000-167 Coimbra
Tel.: 239 851 904 · Fax: 239 851 901
www.almedina.net · editora@almedina.net

DESIGN DE CAPA
FBA.

EDITOR
EDIÇÕES ALMEDINA, S.A.

IMPRESSÃO E ACABAMENTO
DPS - Digital Printing Services
Outubro, 2019

DEPÓSITO LEGAL
463179/19

ALMEDINA | GRUPOALMEDINA

BIBLIOTECA NACIONAL DE PORTUGAL – CATALOGAÇÃO NA PUBLICAÇÃO

MACHADO, Mariana Gomes

O acesso aos metadados pelos serviços de informações da república portuguesa, à luz da Lei e da Constituição. – (Monografias)
ISBN 978-972-40-8199-1

CDU 347

Para o João

NOTAS DE LEITURA

As obras citam-se em nota de rodapé da seguinte forma: a primeira citação inclui referências completas de autor, título, editora e data de publicação, ao passo que as seguintes citações incluem uma referência ao autor, seguida de referência abreviada à obra citada e com indicação da página mencionada.

A bibliografia final contém referência completa de todas as obras citadas no texto.

As citações realizadas na língua original encontram-se em itálico. Nas citações em português extraídas de artigos ou acórdãos em língua estrangeira, as traduções são da nossa responsabilidade.

Usamos itálicos nas transcrições, para destacar uma terminologia ou expressão.

As siglas e abreviaturas são todas indicadas em texto, passando apenas a usar-se a partir da segunda utilização do termo respetivo.

Salvo indicação em contrário, toda a jurisprudência do Tribunal Constitucional citada é pesquisável por data ou processo em www.tribunalconstitucional.pt. As decisões jurisprudenciais do Tribunal Europeu dos Direitos Humanos (TEDH), que podem ser consultadas em https://hudoc.echr.coe.int/, e do Tribunal de Justiça de União Europeia (TJUE), que podem ser consultadas em http://curia.europa.eu, são identificadas por referência ao nome do caso, o qual é da nossa responsabilidade.

No segmento em que se tratou *direito comparado*, atinente à disciplina legal dos serviços de informações congéneres, optou-se por citar a respetiva nomenclatura na língua original, por assegurar maior fidedignidade.

As Diretivas e qualquer legislação da união europeia referidas são consultáveis em http://eur-lex.europa.eu/.

As obras consultadas correspondem a material publicado até Julho de 2019.

Optou-se por redigir a tese de acordo com o novo acordo ortográfico da Língua Portuguesa.

PRINCIPAIS SIGLAS E ABREVIATURAS UTILIZADAS

A., AA.	Autor, Autores
Ac.	Acórdão
art., arts.	artigo, artigos
CDFUE	Carta dos Direitos Fundamentais da União Europeia
CEDH	Convenção para a Protecção dos Direitos Humanos e das Liberdades Fundamentais
cfr.	confira, confronte
consult.	consultado
coord.	coordenador, coordenação
CPP	Código de Processo Penal
CRP	Constituição da República Portuguesa
DL	Decreto-Lei
ed., eds.	Edição, edições; editora, editoras
EM	Estado-Membro
FDUC	Faculdade de Direito da Universidade de Coimbra
FDL	Faculdade de Direito de Lisboa
MP	Ministério Público
n.º, n.ºs	número, números
OPC	Órgão de Polícia Criminal
org.	organizador, organização
p., pp.	página, páginas
proc.	processo
PSP	Polícia de Segurança Pública
RFDUNL	Revista da Faculdade de Direito da Universidade Nova de Lisboa

RJC	Revista de Jurisprudência Constitucional
RLJ	Revista de Legislação e Jurisprudência
RPCC	Revista Portuguesa de Ciência Criminal
reimp.	Reimpressão
rev.	revista
s, ss.	seguinte, seguintes
STJ	Supremo Tribunal de Justiça
TC	Tribunal Constitucional
TEDH	Tribunal Europeu dos Direitos Humanos
TFUE	Tratado sobre o Funcionamento da União Europeia
TJUE	Tribunal de Justiça da União Europeia
trad.	tradução, traduzido
TUE	Tratado da União Europeia
UCP	Universidade Católica Portuguesa
UE	União Europeia
vol.	volume
v.g.	verbi gratia
v.	vide

PREFÁCIO

1. É com o maior gosto que tenho a oportunidade de deixar umas breves palavras que servem de pórtico ao livro que a Mestra Mariana Sousa Machado agora publica na prestigiada Livraria Almedina, que foi a sua dissertação de mestrado defendida na Faculdade de Direito da Universidade Nova de Lisboa, no âmbito do curso de Mestrado em Direito e Segurança de que desde a primeira hora tenho tido o privilégio de coordenar.

Mas esta ocasião não é para mim apenas uma oportunidade, mas antes uma enorme alegria porque se trata de uma dissertação que até hoje obteve a mais alta nota alguma vez alcançada nos já muitos anos de vida deste curso: 19 valores, por unanimidade.

Só posso – só pode a comunidade de todos os mestres e mestras em Direito e Segurança – vivamente felicitar a Autora Mariana Sousa Machado por tão brilhante classificação alcançada!

Por isso mesmo, impunha-se que este trabalhado merecesse a publicação nesta editora, que tem sido uma parceira incontornável das atividades científico-pedagógicas da Faculdade de Direito da Universidade Nova de Lisboa, tendo-se estabelecido uma linha editorial vocacionada para os estudos de Direito e Segurança.

O essencial a dizer nestes momentos é pouco, pois é o mérito da Autora que deve sobressair. Todavia, assinalo algumas considerações.

2. Desde logo cumpre salientar as qualidades científicas da Mestra Mariana Sousa Machado, que vagamente conheci nos tempos em que fomos colegas de anos diferentes na Faculdade de Direito da Universidade de Lisboa, através de amigas e de amigos comuns.

Depois os nossos caminhos bifurcaram-se: eu quedei-me por uma carreira académica e de advocacia que me faz inteiramente feliz e a Autora abraçou a carreira da magistratura judicial com o êxito que se conhece.

Quando, de repente, apareceu nas aulas do nosso Mestrado em Direito e Segurança, fiquei impressionado não só com o gosto que sempre revelou por estas matérias como pelo modo suave e firme com que conseguia apresentar os seus pontos de vista, tantas vezes contrapostos aos meus e aos de vários colegas...

Igualmente nesse contexto são devidos elogios à Autora: no seio das suas absorventes tarefas familiares e profissionais, deu-se em plenitude e entusiasmo aos temas do Direito da Segurança, sendo assídua e participante em múltiplos debates, sem que lhe faltasse uma original envolvência de humor e de ironia desarmantes.

3. A dissertação de mestrado de Mariana Sousa Machado ora dada a lume é algo que objetivamente se impõe por si, pelo que não vale a pena acrescentar muito, a não ser a viva recomendação da sua leitura atenta.

A Autora propõe uma solução dogmaticamente diversa para enfrentar o problema da constitucionalidade do acesso aos metadados por parte dos serviços de informações, solução vertida em recente lei que tornou a ser considerada inconstitucional, desta feita no âmbito da fiscalização sucessiva da constitucionalidade.

Simplesmente, a sua argumentação – não obstante o assunto já ter sido agora decidido pelo Tribunal Constitucional – vai marcar um futuro novo, apontando um caminho convincente de conciliação entre os diversos direitos e bens com conflito, em ordem à defesa de uma ordem constitucional democrática, na sua dupla dimensão subjetiva – os direitos fundamentais das pessoas à privacidade e, do mesmo modo, à segurança – e objetiva – a segurança do Estado e o princípio da proporcionalidade.

Este princípio, além do mais, tem-se revelado o instrumento primordial para que o Estado de Direito possa enfrentar os novos equilíbrios que procura nesta sociedade de risco que nos cerca.

4. Uma reflexão final acerca dos cursos de doutoramento e mestrado em Direito e Segurança que têm sido ministrados pela Faculdade de Direito da Universidade Nova de Lisboa.

É caso para dizer que a mais otimista das previsões foi largamente superada por um resultado que enraizou estes estudos em Portugal e no estrangeiro, sobretudo no mundo lusófono.

Às vezes interrogo-me acerca do porquê deste sucesso, do qual são identicamente coautores todos os professores que ao longos destes anos neles têm lecionado, e sendo-me permitido que evidencie o papel cofundador do Prof. Dr. Rui Pereira.

Talvez possa apresentar três razões: a adequação dos conteúdos dos cursos, a interdisciplinaridade metodológica de ensino e a qualidade do corpo docente.

A adequação dos conteúdos de um curso universitário é *conditio sine qua non* para o seu reconhecimento, ainda para mais nos temas da Segurança em que – ao contrário do que o pensamento comum propõe – o 11 de setembro de 2001 (ainda que tenha virado uma página terrível na segurança internacional) impôs múltiplos desenvolvimentos posteriores à medida que o fenómeno terrorista se foi metamorfoseando, conexo que se tem mostrado com outro tipo de nova criminalidade. Sempre houve a preocupação de ir corrigindo linhas programáticas e de desdobrar disciplinas em paralelo com a exigência de um conhecimento mais especializado de certos tópicos.

A interdisciplinaridade metodológica de ensino é assinalável e estes cursos – já o tenho dito muito vezes em cerimónias públicas – foram para mim, que nasci no paradigma do jurista clássico, uma lição de vida académica: posso comprovar, todos os dias, a viabilidade do diálogo entre os saberes da Segurança e do Direito, bem como o diálogo entre os diversos profissionais que, num registo académico-científico, lidam muito bem e entre si com estes assuntos.

A qualidade do corpo docente tem sido uma preocupação constante, se bem que no contexto de uma Faculdade de Direito mais pequena essa não seja uma gestão fácil. Pesam sobremaneira as crescentes exigências aplicáveis aos processos de acreditação dos cursos do ensino superior universitário, nem sempre dúcteis a realidades que não se encaixam perfeitamente em modelos gerais e que tornam árdua a adaptação a circunstâncias de ensino que certos fenómenos da vida coletiva pública por vezes impõe: o caso do ensino dos Estudos da Segurança é uma evidência disso mesmo.

5. A terminar, recomendo a compra do livro da Mestra Mariana Sousa Machado porque será decerto do máximo proveito, desejando que continue o seu labor académico e que possa ser um exemplo daquilo que na Universidade precisamos e que vai escasseando: inteligência, sensatez, competência, laboriosidade e responsabilidade.

Brasília, 23 de outubro de 2019.

JORGE BACELAR GOUVEIA
Coordenador dos Cursos de Doutoramento e Mestrado em Direito e Segurança e Professor Catedrático da Faculdade de Direito da Universidade Nova de Lisboa

RESUMO

O presente trabalho visa contribuir para solucionar a seguinte questão: a Constituição da República Portuguesa interdita o acesso aos denominados *metadados* (isto é, *dados de dados*) por parte dos serviços de informações da República Portuguesa, para efeitos de prevenção e combate ao terrorismo e à espionagem?

Embora, presentemente, esteja em vigor a Lei Orgânica n.º 4/2017, que regula o *procedimento especial de acesso a dados de telecomunicações e internet pelos oficiais do SIS e do SIED*, a controvérsia mantém-se, dado que a mesma foi objeto de um pedido de fiscalização de constitucionalidade, por parte de 35 deputados à Assembleia da República (ainda sem acórdão publicado), fundado no número 4, do artigo 34.º da Constituição, que interdita a ingerência nas comunicações, *salvo os casos previstos na lei em matéria de processo criminal.*

Esta é, portanto, no espaço de 5 anos, a segunda ocasião em que o Tribunal Constitucional é mobilizado para apreciar da conformidade de tal acesso, o que denota, de forma significativa, a recrudescência da problemática.

Sem prejuízo, adianta-se, desde já, não divisamos, sem mais, no texto da Lei Fundamental uma interdição inultrapassável ao sobredito acesso.

A fundamentação da resposta negativa em que se vai desembocar demanda, preliminarmente, a perscrutação dos antecedentes e da evolução, constitucional e legal, do arquétipo dos serviços de informações, após a Constituição de 1976. Por outro lado, para efeitos de compreensão das prerrogativas e limitações do regime legal vigente, dar-se-á nota do quadro legal que norteia a atuação dos serviços de informações na Alemanha, Espanha, França e Reino Unido. E, neste enquadramento, prossegue-se, para o cotejo da jurisprudência do Tribunal Europeu dos Direitos Humanos e do Tribunal de Justiça da União Europeia, em matéria de fiscalização da atividade dos serviços de informações, com particular enfoque nos parâmetros da segurança e da privacidade.

De seguida, analisam-se, com detalhe, os artigos 27.º, número 1 e 34.º da Constituição. Quanto ao primeiro, sustenta-se que encerra um direito fundamental à segurança e, quanto ao segundo, advoga-se que não consubstancia um parâmetro idóneo para a tarefa de aferir a constitucionalidade do acesso a *metadados*, pois o conteúdo normativo protegido é apenas o conteúdo das comunicações.

Não obstante, reconduzimos o grau de ingerência despoletado pelo acesso aos *metadados* ao âmbito de proteção do artigo 26.º, número 1, da Constituição, no segmento que protege a *reserva da intimidade da vida privada*. Donde, sustenta-se, a tarefa de aquilatar da conformidade constitucional daquele acesso, operacionaliza-se através de um juízo de ponderação, nas vertentes de necessidade, adequação e proporcionalidade em sentido estrito, entre o direito à segurança e o direito à reserva da intimidade da vida privada, concluindo-se que a restrição decorrente do acesso aos *metadados* é proporcional, adequada e necessária.

ABSTRACT

The purpose of this paper is to help resolve the following question: Does the Constitution of the Portuguese Republic prohibit access to so-called *metadata* by the Portuguese Republic's intelligence services for the purpose of preventing and combating terrorism and espionage?

Although Organic Law 4/2017, which regulates the special procedure for access to telecommunications and Internet data by SIS and SIED officials, is still in force, the controversy remains, since that law has been subject to of a request for review of constitutionality by 35 deputies of the Portuguese Parliament (still without published judgment), based on the number 4, of article 34 of the Constitution, which prohibits interference in communications, *except in cases provided by law in criminal proceedings.*

This is, therefore, within five years, the second occasion on which the Constitutional Court is mobilized to assess the conformity of such access, which significantly indicates an escalation of the controversy.

We can anticipate, right away, that we do not see in the text of the Fundamental Law an insurmountable ban on the aforementioned access.

The basis for the negative response to be reached is, first of all, the examination of the constitutional and legal background and evolution of the information services archetype after the 1976 Constitution. On the other hand, for the purpose of understanding the prerogatives and limitations of the current legal regime, the legal framework governing the information services in Germany, Spain, France and the United Kingdom will be addressed. Within this framework, we will come across the case-law of the European Court of Human Rights and the Court of Justice of the European Union with regard to the monitoring of the activity of information services, with particular focus on the parameters of security and privacy.

Then, the articles 27th, 1st and 34th of the Constitution will be analyzed in detail. As for the first, it is argued that it provides a fundamental right to security and, as for the second, it is argued that it does not constitute a suitable parameter for the task of assessing the constitutionality of access to *metadata*, since the protected normative content is only the content of the communications themselves.

Nonetheless, we return the degree of interference triggered by access to metadata to the scope of protection of article 26, number 1, of the Constitution, in the segment that protects the *reserve of the intimacy of private life*. The task of assessing the constitutional conformity of this access is based on a weighing judgment, in the strictness of necessity, adequacy and proportionality, between the right to security and the right to privacy and it is concluded that the restriction arising from access to *metadata* is proportionate, adequate and necessary.

1.
Introdução. Delimitação do problema

Na mais recente obra do prémio nobel da Economia, Joseph E. Stiglitz, "Em busca de segurança", observa-se que

> *Há ameaças novas e descentralizadas escondidas por todo o mundo. Não há apenas um inimigo a emergir no horizonte, mas uma ampla diversidade de ameaças à paz e à segurança internacionais, incluindo a proliferação nuclear, as armas de destruição maciça, o terrorismo, o aquecimento global, as pandemias, a crise energética e a escassez de alimentos e ainda o enfraquecimento e colapso da ordem política em regiões por todo o mundo. Com efeito, as fontes de violência e insegurança mudaram e difundiram-se.*
>
> *(...) Não são só as fontes de violência e insegurança que estão a mudar, com elas também o nosso entendimento social e internacional do que significa estar num ambiente seguro e sem riscos tem sofrido alterações. A segurança interna e a segurança física dos cidadãos têm sido os princípios tradicionais, mas, ao longo do século passado, os Estados têm assumido cada vez mais responsabilidade pela proteção não apenas da vida e dos bens dos cidadãos, mas também pela manutenção de padrões sociais e económicos e pela defesa dos direitos humanos. A revolução dos direitos humanos do pós-guerra e a mais recente emergência de normas, como o dever de proteção, alargaram a nossa noção do que significa viver livre de violência.*
>
> *É o carácter difuso e incerto das ameaças que impulsiona a necessidade de novas formas de governança global e de segurança cooperativa. Num mundo de múltiplas ameaças e de incertezas relativamente à sua importância nas próximas décadas,*

é útil olhar para a proteção da segurança como um problema de "investimento". A segurança nacional diz respeito a ameaçadas mais exigentes e a prioridades de ajustamento, mas diz também respeito à diversificação dos riscos e à prevenção de surpresas.

(...) os países não se podem proteger ou alcançar a segurança nacional sem a ajuda de outros países. Não há "solução" para o problema da segurança sem cooperação ativa, mesmo que a cooperação seja baseada nesta dissuasão mútua.

Este novo desenvolvimento pode ser chamado de ascensão da "violência informal". No passado, apenas alguns países – sobretudo os mais poderosos – podiam aceder aos meios de violência para ameaçar outros países. Agora é possível olharmos para o futuro e anteciparmos o dia em que pequenos grupos ou gangues transnacionais de pessoas conseguirão adquirir armas de destruição maciça. (...) São necessárias cada vez menos pessoas para projetar mais violência a distâncias mais longas.

(...) a nossa própria noção de segurança terá de evoluir também, apesar de, em alguns aspetos, já ter evoluído. Foi em meados do século XX que a noção de segurança nacional surgiu e constituiu um avanço nas noções mais antigas de defesa nacional, significando que um país tem de se preocupar não apenas com a invasão territorial, mas com a implementação de uma ampla gama de bens políticos, económicos e tecnológicos. A segurança nacional tem de ser definida como estratégia abrangente e cooperativa.

No impressivo segmento, que acima se transcreveu, pontificam expressões que traduzem a mudança em curso, no tocante ao paradigma da segurança: ameaças descentralizadas e de carácter difuso, cooperação na governança global e segurança cooperativa como formas de antecipação e reação à realidade emergente, violência informal.

O novo léxico, que enforma a temática, corroborando o prenúncio experienciado no último quartel do século XX, expressa o esbatimento da relevância dos conceitos *vestefalianos* de segurança, estribados a partir da noção de integralidade do território, de Estado-Nação e soberania nacional, que vingavam desde o século XVII.

Hodiernamente, os Estados confrontam-se com um fenómeno de transferência da tarefa de assegurar a segurança para organismos de natureza não estadual, que cooperam entre si, num contexto que galga as fronteiras territoriais dos Estados. Como salienta o Professor Bacelar Gouveia, *não é difícil concluir que nunca como hoje se atingiu, quantitativa e qualitativamente, um tão elevado conjunto de assuntos postos à consideração dos membros da Comunidade Internacional, pouco restando para o âmbito dos Estados ou para a sua esfera interna de atuação jurídico-pública*[1].

A nova realidade acarretou, porém, um paradoxo: o incremento da reivindicada e celebrada liberdade individual e coletiva conduziu, concomitantemente, à antecipação, por parte dos Estados, do patamar que reputam de necessário para a mobilização do seu poder punitivo, que, em determinadas matérias, fizerem *retroagir* ao estádio da *investigação preventiva*, em detrimento do recurso a tal prerrogativa orientada para desideratos de repressão e punição. Na esteira de Gunther Klaus, constata-se que, a nova arquitetura transnacional de segurança *intervém profundamente nas liberdades civis individuais, tanto nos direitos básicos dos cidadãos dos Estados como nos direitos humanos dos cidadãos mundiais. A liberdade garantida ao cidadão, tomado como cidadão do mundo, parece ser suprimida pelas regras que tratam a segurança. A expansão da liberdade de movimentos através das fronteiras (sem controlo na travessia) foi acompanhada de uma perda de liberdade no interior do Estado (maior controlo interno mesmo antes de se concretizar a situação limite em que se configuraria a suspeita de um perigo ou crime). Os governos concordam em tomar os mesmos tipos de medidas preventivas e repressivas de combate ao crime, de tal forma que a soberania legislativa nacional permanece intocada. Os resultados, no entanto, encaixam-se de tal modo que surge funcionalmente um direito de segurança transnacional homogéneo. Além disso, surgem redes intergovernamentais por meio de cooperação transnacional iniciada pelos governos entre os serviços de inteligência e as autoridades policiais e de perseguição penal, sobretudo no que diz respeito ao intercâmbio de informações*[2].

Eis-nos, assim, no âmago da problematização que aqui se pretende abordar. Com efeito, a identificação e compreensão de que as novas ameaças se caracterizam pelo seu caracter transnacional e multifacetado, conduz a que os Estados aproximem e harmonizem a sua legislação, gizando procedimentos comuns de prevenção, cooperação e reação, com o fito de assegurarem aos seus cidadãos *um elevado nível de segurança* – desiderato, amiúde, afirmado na legislação da União Europeia. Para tanto, em contexto europeu, emergem mecanismos de cooperação

[1] Jorge Bacelar Gouveia, *Direito da Segurança – Cidadania, Soberania e Cosmopolitismo*, Ed. Almedina, pág. 71.

[2] Klaus Gunther, *World citizens between freedom and secutity". Constelattions*, vol. N.º 12, n.º 3, 2005.

internacional como a Europol, o Frontex, o Eurodac, o mandado de detenção europeu e o acesso aos *metadados* e às comunicações telefónicas de cidadãos *suspeitos*, este último levados a cabo quer pelas polícias, quer pelos serviços de informações.

Ora, à presente investigação subjaz o ensejo de contribuir para um desafio que, embora pacificado no espaço europeu, não logrou ainda merecer um juízo de validade constitucional na ordem jurídica nacional: é constitucionalmente admissível o acesso aos comumente denominados *metadados* (isto é, dados de dados) por parte dos oficiais dos serviços de informações da República Portuguesa, no âmbito da sua atividade de produção de informações, para efeitos de prevenção e combate ao terrorismo? Ou, dito de outro modo, apenas por via de uma revisão constitucional pode tal acesso ser objeto de um juízo de conformidade constitucional?

Para uma proposta de resposta à questão controvertida gizou-se um *iter* a percorrer, que se segmenta, num primeiro momento, numa abordagem ao *enquadramento geral* que enforma o problema em equação e, num segundo momento, numa abordagem jusfundamental.

No âmbito do enquadramento geral, a delimitação do objeto convoca, desde logo, o imprescindível cotejo do arquétipo do Sistema de Informações da República Portuguesa – em particular, os seus antecedentes, a sua evolução histórica, o seu escopo, atribuições e competências – o que não pode deixar de empreender-se, em paralelo, com a explicitação da destrinça face ao exercício do *ius imperium* e *ius puniendi*, levado a cabo através do processo penal e conformado por autoridades judiciárias.

Embora seja já possível divisar em relevantes diplomas legislativos – como a Lei de organização de investigação criminal ou a Lei que aprovou medidas de combate à corrupção e criminalidade económica e financeira – a emergência de conceitos como *investigação preventiva*, a verdade é que, resistido à expansão de zonas de contiguidade, a nossa ordem jurídica mantém, tendencialmente, incólume um paradigma de estanquicidade, entre as competências e áreas de atuação das autoridades judiciárias coadjuvados pelos órgãos de polícia criminal e os serviços de informações da República. Aos serviços de informações *incumbe assegurar, no respeito da Constituição e da Lei, a produção de informações necessárias à prevenção da segurança interna e externa, bem como à independência e interesses nacionais e à unidade e integridade do Estado*; ao passo que, da concatenação do artigo 219.º da Constituição com o modelo adotado no Código de Processo Penal de 1987, resulta o *primado processual do Ministério Público* na tarefa de investigação e repressão penal, desideratos acautelados através do *inquérito*, despoletado de forma reativa perante a notícia do crime e norteado por finalidades repressivas, erigidas sobre a necessidade de restabelecer a paz jurídica posta em crise pela ofensa de bens jurídicos penalmente protegidos. A menção a esta contraposição consubstancia um *pretexto* para que, de forma perfunctória, nos dediquemos a encarar a questão de saber qual é, afinal, a natureza jurídica dos serviços de informações.

Delimitado o *pano de fundo*, é tempo de cotejar a disciplina legal que, presentemente, norteia o *procedimento especial de acesso a dados de telecomunicações e internet pelos oficiais de informações do SIS e do SIED*, consagrada na Lei Orgânica n.º 4/2017, de 25 de Agosto (objeto de regulamentação pela Portaria n.º 237-A/2018, de 28 de Agosto).

No momento presente e na sequência de um processo legislativo que congregou um assinalável consenso político (dado que foi aprovado por maioria absoluta na Assembleia da República e objeto de promulgação por parte do Presidente da República) vigoram, na ordem jurídica portuguesa, os artigos 3.º e 4.º da sobredita Lei Orgânica, nos quais se consagrou a admissibilidade legal do acesso a *dados de base* e *de localização* de equipamento e bem assim a *dados de tráfego*, por parte dos oficiais do SIS e do SIED, prerrogativa circunscrita, nesta última circunstância, à prevenção de atos de espionagem e terrorismo.

Cotejada criticamente a sobredita Lei Orgânica, impõe-se perscrutar subsídios para a problemática através da análise das experiências estrangeiras, o que se optou por empreender relativamente ao arquétipo dos serviços de informações da Alemanha, Espanha, França e Reino Unido, por se tratarem de países que, embora tendo uma matriz de direito nem sempre coincidente, destacam-se por terem já experienciado ataques terroristas no seu território.

Donde, prosseguindo no caminho europeu, afigura-se pertinente apurar o modo como a relação dialética entre os parâmetros segurança e privacidade vem sendo compaginada pela jurisprudência do Tribunal Europeu dos Direitos Humanos e pelo Tribunal de Justiça da União Europeia, relativamente à atuação dos serviços de informações europeus.

Obtida a panorâmica do quadro legal de acesso aos *metadados* por parte dos serviços de informações, importa, finalmente, enfrentar a questão da admissibilidade do aludido acesso à luz da Constituição.

Para tanto e aprioristicamente, coexistem duas matérias cuja relevância, para o objeto do trabalho, é merecedora de menção: de um lado, a compreensão da *segurança enquanto tarefa do Estado*, em particular, no âmbito de prevenção do terrorismo, que nos convoca para o cotejo dos principais veículos jurídicos para o efeito implementados (a convenção do conselho de europa para a prevenção do terrorismo, a recentíssima diretiva n.º 541/2017, do PE e do Conselho, relativa à luta contra o terrorismo e a estratégia nacional contra o terrorismo). De outro, a menção ao constitucionalismo e aos direitos fundamentais, com especial enfoque na relação tensional, que subjaz ao problema desta tese, entre o constitucionalismo e o parlamentarismo, tema que demanda, necessariamente, a perscrutação dos ensinamentos de dois dos maiores pensadores da atualidade, em matéria de *casos difíceis*, Robert Alexy e Ronald Dworkin.

Estabelecidas estas aporias, que gravitam em volta do tema central, é tempo de nos dedicarmos à axiologia, sentido e alcance do artigo 27.º, número 1 da Constituição. A densificação do conteúdo normativo do preceito, compele-nos para a controvérsia efervescente – e nada despicienda – que se estriba na problemática de apurar se, aquele preceito, encerra, ou não, do ponto de vista dogmático, um direito fundamental à segurança. Neste âmbito, procurar-se-á aventar um contributo inovador para a caracterização dogmática da norma.

De seguida, cumpre empreender idêntica tarefa, de cotejo do sentido e alcance, sobre o artigo 34.º da Constituição, que consagra a inviolabilidade das comunicações. Neste conspecto, considera-se pertinente perscrutar a axiologia da norma através da jurisprudência jusfundamental a este respeito prolatada.

Subsequentemente, estabelecida a axiologia dos pertinentes parâmetros constitucionais em equação, há que proceder à análise crítica dos arestos proferidos pelo Tribunal Constitucional Português em matéria de *acesso a dados*, esteira que se iniciará com o cotejo dos acórdãos em que o conceito de *dados fiscalizados* foi abordado, o que sucedeu, designadamente, nos acórdãos n.ºs 241/2002, 486/2009 e 420/2017.

Especificamente respeitante ao acesso aos dados de tráfego, por parte dos serviços de informações, importa atentar no teor do acórdão n.º

403/2015 que, pela primeira vez, julgou inconstitucional, por violação do número 4, do artigo 34.º da Constituição, o número 2, do artigo 78.º do Decreto n.º 426/XII da A.R..

Após e finalmente estão reunidas as condições para empreender a tarefa de responder à questão: apenas através de uma revisão constitucional pode ser proferido um juízo de constitucionalidade sobre o acesso aos *metadados* por parte dos serviços de informação, em matéria de prevenção e combate ao terrorismo e espionagem?

Adiantar a fundamentação que se propõe apresentar a tal resposta não cabe nesta perfunctória introdução e delimitação do problema. Contudo, pode, desde já, adiantar-se a conclusão: cremos estar em condições de, fundados num argumentário plausível, sustentar que, sem necessidade de revisão constitucional, pode ser proferido um juízo de constitucionalidade sobre o acesso aos *metadados*, por parte dos oficiais dos serviços de informações da República Portuguesa, em casos de terrorismo e espionagem. Reconhece-se que é *hercúlea* a tarefa que nos propomos empreender, para o que se conta, nas palavras do poeta, com a *ajuda do engenho e da arte.*

2.
Enquadramento geral: Breve excursão pelo arquétipo do Sistema de Informações da República Portuguesa

2.1. Enquadramento geral

2.1.1. Antecedentes e evolução histórica

§ A Pide/DGS. Evolução histórico-legislativa dos serviços

A compreensão do vigente arquétipo constitucional e legal dos serviços de informações em Portugal, demanda, necessariamente, que se traga à colação a PIDE/DGS – Polícia Internacional e de Defesa do Estado.

Como ensina Irene Flunser Pimentel[3] *em 29 de Agosto de 1933, o Decreto-Lei n.º 22992 fundiu a PIP (Polícia de Informações do Porto) com a PDPS (Polícia de Defesa Política e Social), resultando dessa fusão a Polícia de Vigilância e Defesa do Estado (PVDE). Nesse diploma de criação da PVDE, considerava-se que tanto as funções da PIP como as da PDPS estavam estreitamente ligadas à segurança do estado e da sociedade, devendo, por isso, ambas ser submetidas a um comando único, diretamente subordinado ao Ministro do interior. A PVDE ficou, assim estruturada em duas secções, a de defesa política e social e a internacional,*

[3] Irene Flunser Pimentel, *A história da PIDE*, ed. Círculo de Leitores, pág. 26 e seguintes.

cometendo à primeira, especialmente a prevenção e repressão dos crimes de natureza política social, e à segunda verificar, nos postos de fronteira, a legalidade dos passaportes nacionais e regularidade dos passaportes estrangeiros. A partir de 1934, foram ainda atribuídas à PVDE competências prisionais, sendo criada, no seu seio, uma Secção de Presos Políticos e Sociais, bem como de controlo de atividade dos engajadores de emigrantes clandestinos e da circulação de passaportes falsos (Decreto-Lei n.º 23 995, de 12 de Junho). Em 1935, dois novos diplomas reforçaram a atuação repressiva da PVDE: por um lado a proibição das associações secretas e, por outro lado, a aposentação ou demissão dos funcionários e empregados civis ou militares que tivessem revelado espírito de oposição aos princípios fundamentais da Constituição Política ou não dessem garantias de cooperar na realização dos fins superiores do Estado. (...) Esses vários diplomas introduziram assim o saneamento preventivo da função pública, isto é, a seleção política dos seus quadros, que, a partir de então, eram apenas admitidos nos serviços públicos mediante prévia informação da polícia política.

Com o fim da segunda Guerra Mundial, explica a Autora, *a polícia política ficou não só com um novo nome, passando a designar-se Polícia Internacional de Defesa do Estado (PIDE), como ganhou novos poderes. Centralizando no seu seio todos os organismos com funções de prevenção e repressão política dos crimes contra a segurança interna e externa, a PIDE conservou a instrução preparatória dos processos respeitantes àqueles delitos e ficou ainda com a capacidade de determinar, com total independência, o regime de prisão preventiva.*

O Decreto-Lei n.º 35046, de 22 de Outubro de 1945, que criou a PIDE, considerou-a como um organismo judiciário autónomo, com a mesma orgânica interna, poderes e funções que o direito comum atribuía à PJ e formou, pela primeira vez, um quadro de funcionários e agentes. (...) A PIDE tinha competência em matéria administrativa relativa à emigração, compreendendo o licenciamento das agências de passagem de passaporte, à passagem de fronteiras terrestres e marítimas e ao regime de permanência e trânsito de estrangeiros em Portugal. Em matéria de repressão criminal, estavam no seu âmbito de atuação as infrações praticadas por estrangeiros, relacionadas com a sua entrada ou permanência em território nacional, os crimes de emigração clandestina e aliciamento ilícito de emigrantes, bem como os crimes contra a segurança exterior e interior do Estado.

A PIDE, tinha, por um lado, capacidade para propor a aplicação de medidas de defesa (ou de segurança) previstas no artigo 175.º do Código Penal e vigiar indivíduos a elas sujeitos, mesmo se estes estivessem sujeitos à supervisão do ministro da Justiça. (...)

Em 1954, o Decreto-Lei n.º 39 749, de 9 de Agosto, redefiniu a orgânica e as competências da PIDE, atribuindo, nomeadamente, ao Diretor, subdiretor, inspetor responsável e, eventualmente, a inspetores-adjuntos, subinspetores e chefes de brigada, funções de juiz, na instrução preparatória dos processos, relativamente à manutenção da prisão dos arguidos e à aplicação provisória de medidas de segurança. Através deste Diploma de 1954, a PIDE ficou ainda com a possibilidade de propor a aplicação de medidas de segurança – posterior ao cumprimento da pena – e vigiar os indivíduos a ela sujeitos, cabendo, porém, ao Ministro da Justiça a superintendência da execução das penas e dessas medidas.

Ainda segundo a Autora, o último período de vigência da PIDE, de 1969 a 1974, inicia-se após a substituição de Salazar por Marcelo Caetano, na presidência do Conselho de Ministros, que, em 19 de Novembro de 1969, com o Decreto-Lei n.º 49 401 extinguiu a PIDE e criou a Direção Geral de Segurança. Autores como Paulo Pinto de Albuquerque advogam, citados pela Autora, *que a substituição da PIDE pela DGS não teve natureza meramente semântica ou modificações puramente aparentes, tendo passado a haver uma divisão clara de tarefas entre os órgãos dirigentes da DGS, aos quais incumbia a validação e a manutenção da captura, e os inspetores, aos quais competia a direção da instrução, mas que não podia validar a prisão preventiva ou a aplicação provisória da medida de segurança. Ora, essa divisão de tarefas interna não é de facto suficiente para que se diga que ocorreram mudanças, pois, na prática, tudo continuou na mesma. Segundo o Decreto-Lei n.º 368/72, de 30 de Setembro de 1972, a ordenação da prisão era da competência do pessoal superior da DGS. Por outro lado, as funções que a lei atribuía ao Juiz eram desempenhadas pelo Diretor-geral, pelos inspetores superiores, diretores de serviço e diretores-adjuntos.*

Quanto às funções do Ministério Público, durante a instrução preparatória ficavam a cargo dos inspetores, por conseguinte à revelia do controlo judicial.

No que concerne aos métodos, explicita a Autora que a PIDE/DGS era constituída por dois grandes setores: *o da informação, onde se incluíam a escuta telefónica, a interceção postal, os ficheiros, a vigilância direta e os informadores e o da investigação, que se ocupava dos interrogatórios e da instrução dos processos. (...) Ao descrever como funcionava o sistema, João Vasco assinalou que havia um certo número de telefones que podiam estar em escuta vinte e quatro horas por dia, sendo gravadas as conversações para e desse posto telefónico. Outros eram escutados por uma questão de rotina, de tempos a tempos e por espaços de horas ou de dias. Na maioria dos casos, as conversas eram passadas a escrito e seguiam para o dossier individual dos interlocutores. Posteriormente, em impressos próprios, os agentes dissecavam a conversa, extraindo dela os considerandos necessários. Para além da "escuta normal", a PIDE/DGS fazia cerca de onze horas diárias de busca telefónica, por sondagem, sendo semanalmente atualizado um ficheiro completo dos assinantes da zona de Lisboa.* Para este efeito, a PIDE adquirira, nos anos 60, junto dos serviços secretos franceses (a SEDECE) cerca de 10 aparelhos, que permitiam contar os *impulsos enviados pelo telefone sob escuta, quando era marcado o número de chamada, e este era, depois, automaticamente indicado numa fita de papel, o que possibilitava a identificação posterior do interlocutor que fizera a chamada. Com essa aparelhagem, a PIDE/DGS teria passado a poder ter cerca de quinhentos telefones sob vigilância, em Lisboa.* No que concerne às vigilâncias, iniciavam-se *quando recebiam uma denúncia ou uma prova circunstancial de um determinado indivíduo,* passando *os agentes da PIDE a vigiar a sua casa e os seus movimentos.* Quanto a capturas e buscas, a PIDE não necessitava de autorização judicial para realizar buscas *nem levava, na maior parte das vezes, qualquer mandado de captura.* No que respeita à investigação e interrogatórios, a instrução dos processos políticos era feita pela PIDE/DGS, que os remetia para os Tribunais Plenários. *Essa polícia dispunha de seis meses para manter preso preventivamente qualquer cidadão e assim o interrogar, sem assistência de advogado, o que queria dizer que podia torturar e era esse o seu principal meio de "investigação".* Salienta a Autora que, *diversos autores observam que o uso sistematizado da tortura e da chantagem foi o principal método de atuação policial (e de recolha de informações).* Entre esses métodos, a Autora divisou espancamentos, *a estátua,* a *tortura do sono, o isolamento, mulheres detidas com filhos e calúnias, ameaças e chantagens à família* dos presos. Segundo a Autora, entre 1933 e 1945, a PIDE foi responsável pela morte de 31 cidadãos portugueses. Além disso, foram presas, por motivos políticos, entre 1933 e 1939, pelo menos 9950 pessoas.

É, pois, neste contexto que o 25 de Abril põe termo aos Tribunais Plenários e à PIDE/DGS.

§ Evolução legal e constitucional no pós 25 de Abril

Corolário deste enquadramento de *má memória*, sobrevém, no que aos serviços de informações respeita, uma fase marcada pela *indiferença constitucional* ou até de *proibição constitucional*[4]. Na verdade, só com a revisão constitucional de 1989 se introduziu nas competências, de reserva relativa, da Assembleia da República, a definição do regime dos serviços de informações. Ulteriormente, a revisão constitucional de 1997 transferiu a matéria para a reserva, de competência absoluta, da Assembleia da República.

Hodiernamente, mantém-se na esfera de competência absoluta da Assembleia da República a prerrogativa de legislar sobre o *regime do sistema de informações da república e do segredo de estado.*

Porém, é apenas essa consagração que se descortina no texto Fundamental relativamente aos serviços de informações, inexistindo outros subsídios respeitantes aos poderes e atribuições dos serviços de informações, o que consente a asserção de que o seu estatuto constitucional deve reputar-se de *minimalista*[5].

A doutrina assinala, por isso, que no *pós* 25 de Abril, a evolução histórico-legislativa da atividade dos serviços expressa-se em cinco períodos distintos[6]: o primeiro, ocorrido entre 1974 e 1984, caracterizado pela ausência de serviços de informações, sendo a atividade de produção de informações desenvolvida pelos militares; o segundo, balizado entre 1985 e 1995, com a criação do Sistema de Informações da República Portuguesa (SIRP), com previsão legal do Serviço de Informações Estratégicas da Defesa (SIED), do Serviço de Informações de Segurança (SIS) e do Serviço de Informações Militares (SIM), ainda que apenas o SIS e o SIEM desenvolvessem atividade; o terceiro, entre 1995 e 2004, marcado pela criação efetiva do Serviço de Informações Estratégicas de Defesa e Militares (SIEDM) e pela transformação do Sistema de Informações Militares na Divisão das Informações Militares, em 1993; o quarto, entre 2004 e 2007, em que se verificou uma aproximação das duas estruturas de informações, por intermédio da criação

[4] Jorge Bacelar Gouveia, *in Direito da Segurança – Cidadania, Soberania e Cosmopolitismo*, Ed. Almedina, pág. 683.
Sónia Reis e Manuel Botelho da Silva, *O sistema de informações da República Portuguesa*, Revista da Ordem dos Advogados, ano 67, III, Lisboa, pág. 1251 e seguintes.

[5] José Fontes, *A constituição e os serviços de informações, in Segurança e Defesa*, n.º 15, Outubro-Dezembro de 2010, pág. 48.

[6] Arménio Marques Ferreira, *O sistema de informações da República Portuguesa, in* AAVV, Dicionário Jurídico da Administração Pública, pág. 5.

da figura do Secretário-Geral do Sistema de Informações da República Portuguesa; e, finalmente, um quinto período, iniciado em 2007 e persistente até à atualidade, durante o qual se destaca a criação efetiva de estruturas administrativas comuns no âmbito do SIRP, o reforço dos meios operacionais do serviços de informações, que se mantém erigido sobre um Serviço de Informações de Segurança (SIS) e um Serviço de Informações Estratégicas de Defesa (SIED, destituído da componente militar), hierarquicamente subordinados ao Secretário-Geral do SIRP, integrado na Presidência do Conselho de Ministros, na dependência direta do Primeiro-Ministro.

2.1.2. O arquétipo dos Serviços de Informações: finalidades, órgãos e competências. A natureza jurídica dos *serviços*

§ Finalidades, órgãos e competências

A natureza binária que caracteriza os *serviços* projeta-se na existência de uma Lei-Quadro do Sistema de Informações da República Portuguesa (aprovada pela Lei n.º 30/84, de 5 de Setembro, objeto de várias alterações, a mais recente introduzida pela Lei n.º 4/2014, de 13 de Agosto, de ora em diante LQSIRP ou Lei-Quadro) e na Lei Orgânica do Sistema de Informações da República Portuguesa (aprovada pela Lei n.º 9/2007, doravante LOSIRP ou Lei Orgânica).

Iniciemos o nosso *iter* pela Lei-Quadro, que estabelece *as bases gerais do Sistema de Informações da República Portuguesa.*

De acordo com o artigo 2.º, são as seguintes as finalidades prosseguidas pelos serviços de informações: *a produção de informações necessárias à preservação da segurança interna e externa, bem como à independência e interesses nacionais e à unidade e integridade do Estado.* A prossecução daqueles desideratos deve, invariavelmente, respeitar a Constituição e a Lei, contendo-se, em absoluto, nas atribuições e competências conferidas aos serviços pela Lei-Quadro.

Uma vez que o escopo dos serviços de informações é a produção de informações então, desde já, importa densificar o conceito. De acordo com Arménio Marques Ferreira[7] *as informações assumem dois traços distin-*

[7] Ob. citada pág. 667.

tivos: um método próprio (traduzido numa específica tarefa intelectual de elaborar antecipações de acontecimentos relevantes para a segurança nacional) *e um regime de segredo (o segredo que permite a preservação do conhecimento de terceiros, mesmo na fase de pesquisa de dados visto que também aqui a observação não preservada pode alterar o objeto observado).* Concatenando estes dois elementos, o citado autor define informações como *um conhecimento processado (a partir de matéria bruta, com metodologia própria) obtido de fontes com algum carater de sigilo e com o objetivo de assessorar o processo decisório.*

Intrinsecamente ligada com a sobredita definição, deparamo-nos com o ciclo de produção de informações, isto é, o processo dinâmico subjacente, assente em quatro momentos[8], que se iniciam com o pedido (ordem que delimita a área de intervenção), seguido da pesquisa (recolha de elementos, através de fontes abertas e fechadas), a que se sucede a análise (apreciação dos elementos, com a apresentação de cenários preditivos, face a acontecimentos futuros, mais ou menos improváveis) redundando, por fim, na difusão das informações obtidas aos decisores públicos.

Retomando o cotejo do diploma, curioso é notar que, previamente à descrição das atribuições e competências dos serviços, o legislador inscreveu, no artigo 3.º, o limite que norteia a sua atuação: a pesquisa, processamento e difusão de informações **não podem** representar **ameaça ou ofensa** aos direitos, liberdades e garantias consagrados na Constituição e na Lei. (destaque nosso)

Uma vez mais, *pela negativa,* o legislador procedeu, imediatamente a seguir no artigo 4.º, à delimitação do âmbito de atuação dos serviços, consagrando que os funcionários ou agentes dos serviços *não podem exercer poderes, praticar atos ou desenvolver atividades do âmbito da competência específica dos tribunais ou das entidades com funções policiais,* estando-lhes expressamente, interdito *proceder à detenção de qualquer indivíduo ou instruir processos penais.*

Estabelecidas as finalidades e os limites de atuação do sistema de informações, encontra-se no artigo 7.º da Lei-Quadro o elenco dos órgãos que se dedicam à prossecução daquelas finalidades: o *Conselho de Fiscalização do Sistema de Informações da República Portuguesa,* o *Conselho Superior de Informações,* a *Comissão de Fiscalização de Dados do Sistema de Informações*

[8] Neste sentido, Jorge Bacelar Gouveia, ob. citada *Direito da Segurança,* pág. 703.

da República Portuguesa, o Secretário-Geral do Sistema de Informações da República Portuguesa, o Serviço de Informações Estratégicas de Defesa e o Serviço de Informações de Segurança.

As competências de cada um daqueles órgãos encontram-se dispersas pelos artigos 9.º (no caso do Conselho de Fiscalização), 19.º (Secretário--Geral), 20.º (SIED), 21.º (SIS) e 26.º (comissão de fiscalização de dados). Respinga-se, pela pertinência para o tema, que o SIED *é o organismo incumbido da produção de informações que contribuam para a salvaguarda da independência nacional, dos interesses nacionais e da segurança externa do Estado;* enquanto que o SIS *é o organismo incumbido da produção de informações que contribuam para a salvaguarda da segurança interna e a prevenção da sabotagem, do terrorismo, da espionagem e a prática de atos que, pela sua natureza, possam alterar ou destruir o estado de direito constitucionalmente estabelecido.*

A merecer destaque é a circunstância de a legislação consignar a natureza de *serviços públicos* a todos os organismos pertencentes ao Sistema de Informações (artigo 14.º), esclarecendo que quer o secretário-geral, quer os serviços de informações dependem diretamente do Primeiro--Ministro (artigo 15.º).

Ulteriormente, em 19 de Fevereiro de 2007, foi aprovada a Lei Orgânica do Sistema de Informações da República Portuguesa (Lei n.º 9/2007, com última alteração introduzida pela Lei n.º 50/2014, de 13 de Agosto), que estabelece, *no âmbito do Sistema de Informações da República Portuguesa, adiante designado por SIRP, o regime jurídico aplicável ao Secretário-Geral do Sistema de Informações da República Portuguesa, adiante designado por Secretário-Geral, ao Serviço de Informações Estratégicas da Defesa, adiante designado por SIED, ao Serviço de Informações, adiante designado por SIS, bem como aos respetivos centros de dados e estruturas comuns* (artigo 1.º).

No que tange à sua natureza, o artigo 2.º limita-se a reiterar a dependência do Secretário-Geral ao Primeiro Ministro, equiparando o cargo ao de Secretário de Estado e estabelecendo quanto aos demais órgãos a natureza de serviço público, dotados de autonomia administrativa e financeira.

Ainda no capítulo I, concernente aos princípios gerais, o legislador inscreveu, nas secções II e III, uma dicotomia, estabelecendo, por um lado, os *princípios de atuação* (artigos 5.º a 8.º) e por outro, os *meios de atuação* (artigos 9.º a 12.º).

No que diz respeito aos primeiros, consignou-se *que toda a atividade de pesquisa, análise, interpretação, classificação e conservação de informações está sujeita ao dever de sigilo*, sendo que as *atividades desenvolvidas não podem envolver ameaça ou ofensa aos direitos, liberdades e garantias consignados da Constituição e na lei.* Mais se diz que, *aos funcionários e agentes é vedado exercer poderes, praticar atos ou desenvolver atividades do âmbito ou da competência específica dos Tribunais, do Ministério Público ou das entidades com funções policiais.* À semelhança do que se verificava na Lei-Quadro, também nesta sede, o legislador manteve a interdição expressa de os agentes procederem à detenção de qualquer pessoa, à instrução de inquéritos e de processos penais.

Segundo a secção II, para a prossecução da sua atividade, os funcionários e agentes do SIS e do SIED têm direito de acesso a áreas públicas e privadas de acesso público, quando isso seja *necessário*, direito de acesso a informação e registos relevantes contidos em ficheiros de entidades públicas e, também, à codificação da respetiva identidade ou emissão de identidade alternativa (artigos 9.º a 12.º). Além disso, dispõem de um *centro de dados, compatíveis com a natureza do serviço, aos quais competirá processar e conservar em arquivo magnético os dados e informações recolhidos no âmbito da sua atividade* (artigo 23.º, número 1).

O diploma estabelece ainda a composição e competências do Conselho Consultivo do SIRP (artigos 15.º e 16.º), do SIED (artigos 26.º a 32.º), do SIS (33.º a 40.º), em termos similares ao teor da disciplina inscrita na Lei-Quadro.

§ A natureza jurídica dos serviços de informações. Perspetiva crítica

Cotejado, de forma necessariamente breve atenta a economia deste trabalho, o arquétipo dos serviços e calcorreando-se, no subcapítulo seguinte, o *direito comparado* nesta matéria, afigura-se premente tecer algumas considerações, de cariz problematizador e crítico, sobre o *estado atual de arte.*

Com efeito, da análise crítica da legislação comparada e da jurisprudência trilhada, quer pelo TJUE, quer pelo TEDH (capítulos infra), há uma asserção que *salta à vista*: *a pequenez* dos nossos Serviços de Informações em matéria de atribuições.

Ainda que nem sempre de forma assumida, ousa-se *conjeturar* que a escassez de meios atribuídos aos *serviços* decorre da preocupação, amplamente reiterada e que perpassa de forma evidente pelos Diplomas supra, de gizar, *pela negativa,* o paradigma de atuação dos serviços, insistindo que são *meros* serviços de informações, a quem está vedado empreender qualquer conduta que sequer *ameace* (quanto mais ofenda) direitos, liberdades e garantias e, em circunstância alguma, estão autorizados a desenvolver atividades da competência específica dos Tribunais (administrar a justiça em nome do povo), do Ministério Público (representar o Estado, os interesses que a Lei determinar, participar na execução da política criminal, exercer a ação penal orientada pelo princípio da legalidade e defender a legalidade democrática) ou das entidades com força policial (defender a legalidade democrática, garantir a segurança interna e os direitos dos cidadãos).

Mas, se assim é, então o que *resta*?

Melhor dito, qual a natureza jurídica dos Serviços de Informações e como, demarcar, por contraposição com outras entidades a quem compete zelar pela segurança e combater o terrorismo, *o momento* em que o legislador autoriza o desenvolvimento de uma intervenção que, ainda que apenas remotamente, é idónea a implicar a compressão de direitos, liberdades e garantias? É possível, à luz do arquétipo vigente, atribuir-lhes a natureza de forças de segurança? E de serviços de segurança? E, em caso negativo, é isso relevante? Embora este não seja o âmago deste trabalho, não nos podemos furtar a tecer sobre a matéria algumas considerações, dado que esta densificação se interliga e se projeta no problema constitucional de acesso aos *metadados* por parte dos serviços de informações.

Vejamos.

Da leitura integrada e concatenada da L.O. com a Lei-Quadro resulta evidente, por um lado, que o legislador circunscreveu a atuação dos serviços de informações à produção de informações. E, para assinalar essa restrição, estabeleceu-se expressamente que os serviços não podiam praticar atos cometidos à polícia, nem desenvolver qualquer atividade que constituísse ofensa ou ameaça a direitos, liberdades e garantias.

Por outro lado, se perscrutarmos a Constituição em busca de subsídios para a tarefa de apuramento da natureza jurídica dos serviços de informações, é inequívoco que o legislador não incluiu os serviços de informações no conceito de *forças de segurança,* dado que inscreveu na alínea u) do artigo 164.º a competência exclusiva da Assembleia da República para legislar sobre o respetivo regime e na alínea q) a mesma competência para o Sistema de Informações da República e do segredo de estado.

Mais, cotejando os ensinamentos de Manuel Guedes Valente[9], robustece-se a conclusão que impõe o afastamento da condução dos serviços de informações ao conceito de forças de segurança, dado que aos serviços está, repete-se, vedado desenvolver qualquer atividade que sequer ameace direitos, liberdades e garantias:

> *As polícias e, de entre as várias espécies de polícia, as forças de segurança existem, não obstante deterem originariamente natureza executiva, para defender a legalidade democrática, defender e garantir a segurança interna e os direitos dos cidadãos. Mas, da sua atuação pode resultar (ou melhor, em regra resulta) uma drástica redução dos direitos e liberdades fundamentais dos cidadãos.*

Acresce que, se nos afigura que inexiste respaldo legal para conformar os serviços de informações enquanto *serviços de segurança*, dotados *de ius imperium,* a quem o legislador poderia atribuir meios de atuação verdadeiramente compatíveis com o combate ao terrorismo, cuja realização se justifica plenamente no escopo de intervenção dos serviços de informações atuantes numa sociedade democrática e que demanda a sua intervenção antes da notícia do crime.

Não se olvida que na Lei de Segurança Interna (aprovada pela Lei n.º 53/2008, de 29 de Agosto, LSI) pode divisar-se a referência a *serviços de segurança*, ainda que o diploma não contenha a correspetiva definição. E, no artigo 25.º da LSI, sob a epígrafe *forças e serviços de segurança*, o legislador atribuiu aos serviços de informações de Segurança (SIS) *funções de segurança interna*. Porém, logo o número 2 do artigo 26.º esclarece que, *para efeitos da presente lei e no âmbito das respetivas competências, consideram-se autoridades de polícia os funcionários superiores indicados como tais nos diplomas orgânicos das forças e dos serviços de segurança*. Ora, na L.O. do SIRP não só inexiste tal menção, como se nos afigura que está expressamente arredada, dada a delimitação constante no número 2 do artigo 6.º da L.O. Donde, aventa-se, o número 2 do artigo 25.º da LSI mais não faz do que *trazer* os serviços para *o jogo de coordenação* das múltiplas entidades

[9] Manuel Monteiros Guedes Valente, *Teoria Geral do direito policial*, Ed. Almedina, 2012, pág. 54.

encarregues de assegurar a segurança interna, sem que, contudo, se lhe possa atribuir idoneidade para, por via dessa particular nomenclatura, alterar a materialidade das funções prosseguidas, tal como definidas na L.O. e na Lei-Quadro.

Como é bom de ver, este panorama afigura-se insuficiente para acautelar uma efetiva proteção do direito dos cidadãos à segurança e circunscreve, excessivamente, os meios de atuação de que o legislador deve dotar os serviços de informações, com vista à prossecução dos seus desideratos.

Note-se que, presentemente, e pese embora despontuem já afloramentos em sentido diverso, a atuação das forças policiais e do Ministério Público inicia-se, apenas, a partir da *notícia do crime*. Porém, evidentemente que, numa sociedade global, há riscos e ameaças que importa acompanhar e supervisionar, antes de se materializarem, colocando, efetivamente, em perigo, a vida e integridade física dos cidadãos. É, por isso, imperativo reconhecer que esse *espaço e esse momento* antecedentes da notícia do crime, só pode ser, no quadro vigente, adequada e eficazmente, acautelado pelos serviços de informações da República, pelo que, urge clarificar, na Lei, a sua natureza de serviço de informação **e de segurança** e, em consequência, atribuir-lhe meios de atuação verdadeiramente consentâneos com a dificuldade das tarefas que lhes é pedida.

Por outras palavras, o que se sustenta é que a delimitação da natureza jurídica e da atuação dos serviços deve erigir-se sobre dois elementos próprios: por um lado, em função da matéria, isto é, mantendo a circunscrição da delimitação da atividade de produção de informações à preservação da segurança, interna e externa, à independência e unidade e integridade do Estado, excluindo, tendencialmente, a legitimidade da sua intervenção quando não esteja em causa o terrorismo e fenómenos conexos; por outro lado, operar a destrinça dos serviços de informações com as forças policiais relativamente ao **momento em que a Lei consente a sua intervenção**, estabelecendo que as forças policiais apenas são mobilizadas perante a notícia do crime e aos serviços de informações está afeto o *patamar* que imediatamente lhe antecede e que se funda nas meras *suspeitas* vocacionadas para a prevenção de atos terroristas. Na verdade, erigido este último critério como parâmetro fundamental da contraposição dos serviços de informações com as forças policiais, não pode deixar de se reconhecer que, enquanto corolário da atividade de produção de informações, é aos serviços de informações que deve ser reconhecida singular aptidão para, de forma tendencialmente preventiva, atuar antes da notícia do crime. Naturalmente que, em paralelo com o incremento das prerrogativas legais de atuação dos serviços de informações, deve intensificar-se a fiscalização da sua atividade, incorporando na legislação alguns dos subsídios, que infra se abordará, decorrentes da jurisprudência a este respeito prolatada pelo TEDH e pelo TJUE.

2.2. O procedimento especial de acesso a dados de telecomunicações e internet pelos Oficiais de Informações do SIS e do SIED

2.2.1. Análise crítica da Lei Orgânica n.º 4/2017, de 25 de Agosto e da portaria n.º 237-A/2018, de 28 de Agosto

§ Contexto histórico. Os pareceres do CFSIRP, da CDSIRP, da PRG, da OA e da CNPD

O acórdão do Tribunal Constitucional n.º 403/2015 (proferido nos autos de processo n.º 773/15[10]) julgou inconstitucional, por violação do número 4, do artigo 34.º da Constituição, a norma do número 2, do artigo 78.º do Decreto n.º 426/XII da Assembleia da República que aprovara *o regime jurídico do sistema de informações da república portuguesa*. Naquele preceito, previa-se o acesso a *dados de tráfego, de localização e conexos* por parte dos diretores e dos dirigentes intermédios de primeiro grau do SIS e do SIED, nos seguintes termos:

> " 1 – Os diretores e os dirigentes intermédios de primeiro grau do SIS e do SIED têm acesso a informação e registos relevantes para a prossecução das suas competências, contidos em ficheiros de entidades públicas, nos termos de protocolo, ouvida a Comissão Nacional de Proteção de Dados no quadro das suas competências próprias.
>
> 2 – Os oficiais de informações do SIS e do SIED podem, para efeitos do disposto na alínea c) do n.º 2 do artigo 4.º, e no seu exclusivo âmbito, aceder a informação bancária, a informação fiscal, a dados de tráfego, de localização ou outros dados conexos das comunicações, necessários para identificar o

[10] Disponível no site do Tribunal Constitucional.

assinante ou utilizador ou para encontrar e identificar a fonte, o destino, a data, a hora, a duração e o tipo de comunicação, bem como para identificar o equipamento de telecomunicações ou a sua localização, sempre que sejam necessários, adequados e proporcionais, numa sociedade democrática, para o cumprimento das atribuições legais dos serviços de informações, mediante a autorização prévia e obrigatória da Comissão de Controlo Prévio, na sequência de pedido devidamente fundamentado."

Confrontadas com o juízo de inconstitucionalidade proferido pelo Tribunal Constitucional e animadas pelo desiderato de superar o argumentário que divisou a postergação da Constituição, surgiram, em 2017, duas distintas iniciativas legislativas sobre a matéria, uma impulsionada pelo CDS-PP e outra da iniciativa do Governo. Foi esta última que a Assembleia da República aprovou, em 25 de Agosto de 2017, dando origem à Lei Orgânica n.º 4/2017 (de ora em diante, L.O.), que estabeleceu o *procedimento especial de acesso a dados de telecomunicações e internet pelos oficiais de informações do Serviço de Informações de Segurança e do Serviço de Informações Estratégicas da Defesa.*

Segundo a L.O., o acesso aos denominados *metadados* – isto é, dados, estruturais ou descritivos, produzidos no âmbito ou em conexão com um processo de telecomunicações, registados e conservados pelas operadoras – obedece à seguinte disciplina, prevista nos artigos 3.º e 4.º:

Artigo 3.º
Acesso a dados de base e de localização de equipamento

Os oficiais de informações do SIS e do SIED podem ter acesso a dados de base e de localização de equipamento para efeitos de produção de informações necessárias à salvaguarda da defesa nacional, da segurança interna e da prevenção de atos de sabotagem, espionagem, terrorismo, proliferação de armas de destruição maciça e criminalidade altamente organizada e no seu exclusivo âmbito.

Artigo 4.º
Acesso a dados de tráfego

Os oficiais de informações do SIS e do SIED apenas podem ter acesso a dados de tráfego para efeitos de produção de informações necessárias à prevenção de atos de espionagem e do terrorismo.

Preliminarmente ao cotejo do teor da Lei Orgânica importa, para melhor compreensão dos elementos históricos e teleológicos acolhidos no diploma, empreender uma breve excursão pelos trabalhos preparatórios que rodearam a aprovação do novo quadro legislativo.

A L.O. teve origem na proposta de Lei n.º 79/XIII/2.ª da iniciativa do Governo, que autonomizava o procedimento de acesso aos *metadados* e no Projeto de Lei n.º 480/XIII/2.ª, da iniciativa de dezoito deputados do Grupo Parlamentar do CDS/PP, que também previa o acesso aos *metadados* mas através da introdução de alterações legislativas à Lei n.º 30/84, de 5 de Setembro, isto é, à Lei Quadro dos Serviços de Informações da República Portuguesa, doravante LQSIRP. A sobredita Lei Orgânica foi aprovada em votação global final, com os votos favoráveis do PSD, PS e CDS-PP, os votos contra do BE, PCP e PEV e a abstenção do PAN[11].

Na exposição de motivos da Proposta de Lei n.º 79/XIII, pode ler-se que, o regime especial de acesso a dados preconizado, se releva adequado e proporcional *aos desafios colocados à segurança nacional e internacional do Estado, considerando os procedimentos e metodologias previstos em regimes congéneres, particularmente no espaço europeu e atendendo ainda ao regime estabelecido na Estratégia Nacional de Combate ao Terrorismo, aprovada pela Resolução do Conselho de Ministros n.º 7-A/2015, de 20 de Fevereiro*. Por seu turno, na exposição de motivos do Projeto de Lei n.º 480/XIII-2ª assume-se que

> *As ameaças que os serviços de informações visam detetar e prevenir não desapareceram nem diminuíram", sendo de "grande conveniência dotar os serviços, em particular, o SIS de meios que lhes permitam detetar tais ameaças, dentro de um espírito de integral respeito dos direitos, liberdades e garantias". Além disso, "é muito importante que os serviços tenham capacidade para cooperar, em igualdade de circunstâncias, com serviços congéneres dos nossos parceiros europeus na deteção e prevenção de ameaças terroristas. De resto, a exposição europeia ao terrorismo há muito que deixou de estar no domínio das hipóteses ou probabilidades – é um facto, uma realidade que a Europa tem de enfrentar e, sobretudo, prevenir e combater e Portugal não é exceção. Apesar*

[11] Cf. a "Nota acerca dos trabalhos preparatórios da Lei Orgânica n.º 4/2017, de 25 de Agosto", emitida pela Assembleia da República, a propósito do ulterior processo de fiscalização abstrata sucessiva da constitucionalidade dos artigos 3.º e 4.º, disponível no site da Assembleia da República.

de, até hoje, Portugal ter tido a felicidade de escapar a atos terroristas, a ameaça paira sobre Portugal e pode acontecer quando menos se espera, onde menos se espera. Por isso mesmo, é essencial dotar o país de todos os mecanismos ao seu alcance para o evitar, trabalhando na prevenção e repressão do terrorismo.

Segundo a exposição de motivos do Projeto de Lei dos deputados do CDS-PP, os proponentes consideravam *essencial dotar o país de todos os mecanismos ao seu alcance* para evitar o terrorismo, com particular ênfase na sua *prevenção e repressão.* Para tanto, a iniciativa sustentava a adoção de normas sobre a forma de transmissão de dados, estabelecendo a transferência eletrónica encriptada como regra, à semelhança do que sucedia na Lei n.º 32/2008, de 17 de Julho, para a transmissão de dados de tráfego e dados de localização (Lei aprovada na sequência da transposição para a ordem jurídica interna da Diretiva n.º 2006/24/CE do Parlamento Europeu e do Conselho, de 15 de Março, relativa à conservação de dados gerados ou tratados no contexto da oferta de serviços de comunicações eletrónicas publicamente disponíveis ou de redes publicas de comunicações).

No que concerne à justificação do impulso legislativo, os proponentes estribavam-se quer na prossecução dos desideratos consagrados na Estratégia Nacional de Combate ao Terrorismo, quer nos pareceres emitidos pelo Conselho de Fiscalização do Sistema de Informações da República Portuguesa em 2015 e no primeiro semestre de 2016, que apelavam à necessidade premente de dotar os serviços de informações do referido acesso aos *metadados.*

Antes da aprovação final, ambos os Diplomas receberam os subsídios vertidos nos pareceres[12], de sentido antagónico, prolatados pela Ordem dos Advogados, pela Comissão Nacional de Proteção de Dados, pelo Conselho de Fiscalização do Sistema de Informações da República Portuguesa, pela Comissão de Fiscalização de Dados do SIRP e pela Procuradoria Geral da República (PGR). Devido a vicissitudes regimentais, a Proposta de Lei do Governo não foi objeto de parecer por parte da Comissão de Assuntos Constitucionais, Direitos, Liberdades e Garantias da Assembleia da República, que, contudo, emitiu parecer relativamente ao Projeto de Lei n.º 480/XIII.

[12] Todos disponíveis no site da Assembleia da República.

Vejamos, individualizadamente, os aspetos mais relevantes de cada um deles.

O parecer da PGR, salientou a necessidade de *reforçar a relação entre as atividades de recolha, processamento, exploração e difusão de informações, que constituem a matéria funcional do SIRP, à prevenção criminal, e que se configura como uma tentativa de ultrapassar eventuais incompatibilidade constitucionais* (ponto 4.1.1.1 do Parecer). Especificamente sobre o acesso a dados de tráfego, de localização ou outros conexos de comunicações, a PGR expressou dúvidas quanto a saber se a consignação da necessidade de prévia autorização judicial para aceder a tais dados (através de uma secção especial do STJ) se mostraria, ou não, adequada e suficiente para ultrapassar o precedente juízo de inconstitucionalidade (ponto C do parecer):

> *Na verdade, o referido aresto não fundou o juízo de inconstitucionalidade apenas na consideração da natureza administrativa da Comissão de Controlo Prévio prevista no Decreto 426/XIII e na não equivalência dos seus poderes a uma intervenção em processo penal. Foi também fundamento da decisão de inconstitucionalidade a não conformação a norma do n.º 2, do art.º 78.º do Decreto n.º 426/XII da Assembleia da República, no respeitante ao acesso aos dados de tráfego, à previsão constitucional n.º 4 do artigo 34.º da CRP.*

Sem prejuízo, o Parecer da PGR salientou que deve merecer destaque o esforço legislativo norteado pelo objetivo de alcançar maior conformação com as exigências constitucionais, concluindo que, desde que alterados alguns aspetos da proposta de Lei, a mesma inscrevia um *quadro procedimental capaz de garantir um adequado controlo da legalidade da intervenção requerida e do seu concreto desenvolvimento por parte dos serviços de Informação. Por outro lado, a intervenção do Ministério Público, na perspetiva da defesa da legalidade, configura-se também com um fator da maior relevância no âmbito da efetiva garantia das exigências constitucionais da necessidade, adequação e proporcionalidade da ingerência.* De salientar que, embora sem explicitação dos fundamentos que justificam tal asserção, pode ler-se, no Parecer da PGR, que *a intervenção de um magistrado do M.P. no procedimento, de natureza judicial, mostra-se essencial no sistema pretendido. Não podendo, porém, essa intervenção deixar de assumir natureza substantiva, e não apenas de mera formalidade* (ponto 6.2. do Parecer).

Por seu turno, o Gabinete do Secretário-Geral dos Serviços de Informações da República Portuguesa, recorda que dos *cento e setenta e sete artigos do Decreto n.º 426/XII, aprovado em votação global final por uma maioria absoluta de deputados em efetividade de funções (na sessão plenária de 22 de Julho de 2015), apenas foi declarada inconstitucional a norma do número 2 do artigo 78.º, única submetida a fiscalização preventiva* e causa de devolução à Assembleia da República, em face do veto presidencial, para reformulação ou expurgo da norma. Porém, como é sabido, o término da XII legislatura determinara a caducidade do diploma, *deitando por terra* todo o inovatório Estatuto do SIRP ali consagrado. Nesta senda, assinala o parecer, a Lei n.º 9/2007, de 19 de Fevereiro, continua sem regulamentação, pelo que o SIED e o SIS são regidos por legislação de 1991, *tendo perdido dignidade e competitividade face às demais entidades ao serviço das missões de salvaguarda da soberania nacional.* No que tange ao conteúdo do diploma propriamente dito, o SIRP *saúda* a consignação do controlo judicial no acesso a dados de comunicação e internet e salienta que este acesso *constitui um vetor essencial da cooperação internacional do Estado Português com sistemas e alianças de segurança de que é membro fundador e parte ativa.* O documento conclui enfatizando que os SIED e o SIS não são *órgãos de polícia criminal de competência especializada, mantendo a sua natureza de serviços puros de intelligence*, recordando que *na construção do Sistema de Informações da República Portuguesa foi central a ideia de separação da inalienável função de soberania "produção de informações" quer das funções próprias das autoridades judiciárias quer das funções policiais. O SIED e o SIS são serviços de informação, respetivamente estratégico e de segurança, que prosseguem competências de soberania exclusiva, de produção de informações puras de apoio ao Executivo, nas matérias anualmente fixadas de acordo com as prioridades definidas no Conselho Superior de Informações, onde têm assento dois deputados à Assembleia da República.* Sobre a relevância e pertinência de dotar os serviços de informações de competências para aceder aos *metadados*, respinga-se, pela sua impressividade, o último ponto do dito Parecer:

> *Aprovada a estratégia Nacional de Combate ao Terrorismo em todas as outras vertentes, urge concretizar a alocação ao Sistema de Informações da República Portuguesa de recursos eficientes e de meios efetivos de acesso a informações e dados, para fazer face a este fenómeno totalitário, que desafia radicalmente a segurança do*

Estado de Direito e subverte a democracia, constituindo a maior ameaça atual aos direitos humanos.

Também a Comissão de Fiscalização de Dados do Sistema de Informações da República Portuguesa emitiu, em 15 de Maio de 2017, o Parecer n.º 1/2017, destacando, *ab initio*, que é *sensível* ao conjunto de preocupações explanadas na exposição de motivos do Projeto de Lei 480/ /XIII-2ª, realçando que *o fenómeno do terrorismo assumiu, nos últimos tempos, em solo europeu, uma particular virulência, com inúmeras vítimas a lamentar em sucessivos atentados perpetrados em países diversos, próximos ou distantes entre si. Não se trata, pois, de acautelar a ocorrência de possíveis situações abstratas de atentados, mas de prevenir a sua efetiva realização, com um tempo de reação cada vez mais encurtado, por parte das entidades encarregues da sua repressão.* Além disso, o documento sublinha que *o combate a este tipo de atividade criminosa deixou de ser possível de assegurar isoladamente, implicando uma cooperação estreita entre diferentes entidades, designadamente serviços de informações e autoridades judiciárias de diversos países, particularmente europeus. Ter-se-á também de ter em conta que o tipo de atentados desta natureza se tem grandemente diversificado quanto ao seu modus operandi, sendo difícil, por isso, prever a forma que poderão assumir no futuro.* Por isso, alerta, *convém ter presente que os serviços de informações portuguesas são, neste momento, de todos aqueles que integram o chamado Clube de Berna (grupo informal de serviços de informações de segurança europeus) integrado por todos os países da União Europeia, a Noruega e a Suíça, os únicos em relação aos quais a lei não prevê a possibilidade de acesso a dados de tráfego, também por vezes chamados de metadados, o que deixa os mesmos serviços numa situação de particular vulnerabilidade. A este propósito, a eficácia de uma cooperação efetiva de serviços de informações europeus poderá resultar grandemente prejudicada por uma tal limitação (...).*

O detalhado e aprofundado douto parecer merece ainda realce pelas propostas inovadoras que aventa: a Comissão sustenta que a matéria do acesso aos *metadados* não carece, necessariamente, de constar de uma Lei-Quadro, cujo regime de aprovação na Assembleia da República é mais *exigente*, podendo ser objeto de consagração em lei extravagante de natureza penal, de modo a enfatizar que o escopo principal prosseguido com tal acesso é o combate ao terrorismo; o parecer advoga, também, que poderia seguir-se a opção de *incluir, num diploma extravagante, uma disposição relativa à necessidade de uma avaliação posterior, tendo em vista comprovar a justeza e eficácia das suas disposições,* nos casos que foi efetivamente autorizado o acesso aos *metadados.* No mais, quanto à disciplina jurídica inscrita no diploma, a Comissão defende que apenas os dados de tráfego, já não os dados de localização, podem, eventualmente, estar sujeitos à interdição consagrada no número 4, do artigo 34.º da Constituição. Por outro lado, embora salientando que a norma que prevê a criação de uma secção especial, para autorização do acesso constituída por três juízes do STJ, é suscetível de se reputar de idónea para ultrapassar os entraves divisados na jurisprudência jusfundamental, a Comissão manifesta, a este respeito, dúvidas quanto à *eficácia do modelo proposto* e quanto à *praticabilidade da solução* acolhida. Não obstante, e sem se furtar a assinalar a imprevisibilidade de uma ulterior decisão a proferir pelo Tribunal Constitucional sobre a matéria, a CFDSIRP enfatiza que importa atentar que *não se trata de recolha de informação em larga escala, mas de recolha individualizada e que, como tal, com menor incidência, e de menor intensidade, na proteção da reserva da vida privada das pessoas objeto de ingerência.*

Por seu turno, o Conselho de Fiscalização do Sistema de Informações da República Portuguesa (de ora em diante Conselho de Fiscalização), que desenvolve a sua atividade junto da Assembleia da República emitiu, em 14 de Junho de 2017, um parecer, que versou quer sobre o sobredito projeto de Lei n.º 480/XIII-2.ª, quer sobre a Proposta de Lei n.º 79/ /XIII/2.ª, salientando que após o aresto do Tribunal Constitucional, não se verificara qualquer outra iniciativa legislativa de idêntico teor, embora as *ameaças que os serviços de informações visam detetar e prevenir não desapareceram nem diminuíram desde então. Apesar da avaliação globalmente positiva que faz sobre os resultados da atividade do SIRP, no presente quadro legal, e em consequência do contacto com a atividade dos serviços (em particular do SIS) e com as missões, o CFSIRP entende, porém, que existe grande conveniência em dotar os serviços, em particular, o SIS, de meios que, dentro do integral respeito dos direitos, liberdades e garantias e de todos os limites constitucionais e legais à atuação dos serviços, permitam a deteção e prevenção, e a cooperação na detenção e prevenção com serviços congéneres, de ameaças como o terrorismo, em termos semelhantes às melhores práticas dos serviços congéneres de países que respeitam as exigências dos Estado de Direito Democrático.* Sobre o teor concreto da disciplina legal inscrita na Proposta de Lei, cumpre salientar que o parecer do Conselho de Fiscalização *aplaude* a destrinça efetuada entre *dados de tráfego, dados de base e dados de localização,* considerando que corresponde *a uma concretização mais perfeita do princípio da proporcionalidade (na vertente da necessidade de acesso)*, enaltecendo, igualmente, *a vinculação estrita da conservação e transmissão dos dados referidos às finalidades de prevenção do terrorismo e espionagem*. No que concerne à intervenção do Ministério Público, que não se encontra prevista no diploma de iniciativa do Governo, o Conselho afirma nada ter a opor à previsão da intervenção do Procurador-Geral da República, através da emissão *de parecer sobre os pedidos de acesso, anteriormente à sua decisão, desde que tal não seja incompatível com os prazos curtos de decisão e ficando sempre salvaguardada a vinculação ao segredo de Estado dos intervenientes*.

Em sentido antagónico, a Comissão Nacional de Proteção da Dados, no parecer n.º 24/2017, advogou que o diploma não supera os obstáculos constitucionais identificados no acórdão n.º 403/2015 do Tribunal Constitucional, alertando que *as soluções propostas visam, por um lado, conferir ao SIRP, atribuições quase-policiais, manifestamente incompatíveis com o art.º 4.º, n.º 1 da Lei n.º 30/84, de 5 de Setembro, e por outro, judicializar o processo de aquisição e acesso de informações, enquadrando-o num procedimento de autorização na dependência da secção penal do Supremo Tribunal de Justiça, pretendendo, com isso, insinuar uma natureza criminal (ou garantística) comparável à do processo penal para, assim, legitimar o acesso a dados relativos às comunicações, o que se revela manifestamente insuficiente quando comparado com as garantias que o processo penal atribui ao arguido, num todo coerente, materialmente robusto e procedimentalmente tipificado, estranho ao regime ora proposto*.

De igual sorte, também o Conselho Geral da Ordem dos Advogados reconheceu, na proposta de novo quadro legislativo, o *objetivo de superar as linhas de objeção* identificadas pelo Tribunal Constitucional, *designadamente a necessidade de judicialização do acesso aos dados de tráfego (integrando um processo criminal em sentido próprio), as exigências de determinabilidade que são garantidas em matéria de processo criminal (e que o TC afirma constituírem a contrapartida do acesso aos dados de tráfego), e a definição, em termos claros e explícitos, do procedimento de acesso, duração do acesso e eliminação dos dados de tráfego recolhidos*. Porém, advertiu que, *salvo melhor juízo, se mantêm uma das principais objeções que são de suscitar neste domínio. É que a ingerência nos dados de comunicação continua a não ter lugar, no quadro na presente iniciativa, num procedimento que dê garantias e faculdades de proteção de alcance admissível àquelas que conformam constitucionalmente o processo criminal. Daí que não se mostrem respeitados os pressupostos que sustentam a exceção constante da parte final do n.º 4 do art.º 34.º da CRP.*

Após a concatenação e consideração de todos aqueles contributos, a Proposta de Lei do Governo foi, como supra se mencionou, aprovada na Assembleia da República, dando origem à Lei Orgânica n.º 4/2017, presentemente em vigor.

O referido diploma encerra uma disciplina desenvolvida, de forma detalhada e complexa, prevendo uma estreita interação entre os Serviços de Informações e o Supremo Tribunal de Justiça, no que contrasta, significativamente, com a simplicidade da normação prevista no artigo 78.º do anterior Diploma, objeto de juízo de inconstitucionalidade por parte do Tribunal Constitucional.

§ O quadro legal da Lei Orgânica n.º 4/2017, de 25 de Agosto

Atento o caracter *inovatório* do diploma, impõe-se, em primeiro lugar, expor, de forma tendencialmente descritiva, os preceitos relevantes para a presente *empreitada* e, num segundo momento, tecer algumas considerações, de natureza crítica, que a Lei Orgânica necessariamente suscita.

Vejamos, pois.

O artigo 1.º define o objeto do diploma, esclarecendo que *regula o procedimento especial de acesso a dados previamente armazenados pelos prestadores de serviços e de comunicações eletrónicas que se mostrem estritamente necessários para a prossecução da atividade de produção de informações pelo Sistema de informações da República Portuguesa (SIRP) relacionadas com a segurança interna, a defesa, a segurança do Estado e a prevenção da espionagem e do terrorismo, o qual é sujeito a acompanhamento do Ministério Público e controlo judicial.*

Por seu turno, no artigo 2.º encontramos a definição, *para efeitos da presente Lei,* dos conceitos de *dados de telecomunicações, dados de internet, dados de base, dados de localização e equipamento, dados de tráfego e autoridades competentes.* Os números 3 e 4 do artigo 2.º reiteram que a conservação e transmissão pelos prestadores de serviços dos dados aqui em causa atem-se, exclusivamente, às finalidades previstas no número 1 do artigo 1.º, apenas podendo ser *autorizada e ordenada por despacho judicial fundamentado de acordo com o procedimento estatuído na presente lei.*

Nos artigos 3.º e 4.º da Lei Orgânica, o legislador consagrou uma dicotomia, radicada na matéria suscetível de consentir o acesso a dados: assim, no artigo 3.º autorizou o acesso a *bases de dado e localização de equipamento* sempre que esteja em causa a *salvaguarda da defesa nacional, a segurança interna e a prevenção de atos de sabotagem, espionagem, terrorismo, proliferação de armas de destruição maciça e criminalidade altamente organizada;* ao passo que, no artigo 4.º, circunscreveu o acesso a *dados de tráfego* apenas para *efeitos de produção de informações necessárias à prevenção de atos de espionagem e do terrorismo.*

No que concerne ao âmbito subjetivo, o diploma restringiu a admissibilidade do acesso dos dados a *um alvo ou um intermediário determinado,* consignando, de forma expressa, que a admissibilidade do pedido deve, em todas as circunstâncias, nortear-se pelos princípios da subsidiariedade e da necessidade (artigo 6.º da L.O.).

Sob a epígrafe "Comunicação ao Ministério Público e autorização judicial" estabeleceu-se, no artigo 5.º da L.O., que o acesso a *dados de telecomunicações depende de autorização judicial prévia e obrigatória, por uma formação das secções criminais do Supremo Tribunal de Justiça, constituída nos termos do artigo 8.º* e que o *processo de autorização de acesso aos dados é sempre comunicado ao Procurador-Geral da República.*

O artigo 8.º esclarece que o controlo judicial e a autorização prévia do acesso aos dados são efetuados por *uma formação das secções criminais do Supremo Tribunal de Justiça, constituída pelos presidentes das secções e por um juiz designado pelo Conselho Superior da Magistratura de entre os mais antigos destas secções.*

Relativamente ao *iter* a calcorrear para aceder aos dados, a L.O. determina que os pedidos de acesso são da iniciativa dos diretores do SIS e do SIED, que devem verter, em documento escrito, fundamentado e detalhado os seguintes elementos: i) indicação da ação operacional concreta a realizar e das medidas pontuais de acesso requeridas; ii) fatos que suportam o pedido, finalidades que o fundamentam e razões que aconselham a adoção das medidas pontuais de acesso; iii) identificação das pessoas envolvidas nos factos e adotadas pelas medidas pontuais de acesso requeridas; iv) duração das medidas, que não podem exceder o prazo de três meses, renovável por um único período sujeito ao mesmo limite.

O número 3, do artigo 9.º interdita ainda, de forma expressa, *a aquisição de informação em larga escala por transferência integral dos registos existentes* e a *ligação em tempo real às redes de comunicações eletrónicas,* o que se mostra consentâneo quer com a jurisprudência do TJUE, acolhida no acórdão *Digital Rights Ireland Ltd.* (Processos apensos C-293/12 e C-594/12)[13], quer

[13] No referido aresto (acessível em https://curia.europa.eu/jcms/jcms/Jo2_7216/pt/), datado de 8 de Abril de 2014, o TJUE considerou inválida a Diretiva 2006/24/CE do Parlamento Europeu e do Conselho, de 15 de março de 2006, relativa à conservação de dados gerados ou tratados no contexto da oferta de serviços de comunicações eletrónicas publicamente disponíveis ou de redes públicas de comunicações, por violação dos artigos 7.º, 8.º e 52.º, n.º 1, da Carta de Direitos Fundamentais da UE.
O processo iniciou-se com um pedido de decisão prejudicial remetido pelo *High Court of Ireland*, respeitante à interpretação dos artigos 3.º, 4.º e 6.º da Diretiva 2006/24/CE do Parlamento Europeu e do Conselho, de 15 de março de 2006, atinente à conservação de dados gerados ou tratados no contexto da oferta de serviços de comunicações eletrónicas publicamente disponíveis ou de redes públicas de comunicações, e que altera a Diretiva 2002/58/CE (JO L 105, p. 54) e a sua compatibilidade com os artigos 5.º, n.º 4, e 21.º TFUE e com os artigos 7.º, 8.º, 10.º e 41.º da Carta dos Direitos Fundamentais da União Europeia.
A sobredita Diretiva 2002/58/CE do Parlamento Europeu e do Conselho tinha por objeto, de acordo com o seu artigo 1.º, n.º 1, a harmonização das disposições dos Estados-Membros necessárias para garantir um nível equivalente de proteção dos direitos e liberdades fundamentais, nomeadamente o direito à privacidade e à confidencialidade, no que respeita ao tratamento de dados pessoais no setor das comunicações eletrónicas, e para garantir a livre circulação desses dados e de equipamentos e serviços de comunicações eletrónicas na União Europeia. Para efeitos de segurança e tratamento de dados, o artigo 4.º da Diretiva 2002/58 previa que: " O prestador de um serviço de comunicações eletrónicas publicamente disponível adotará as medidas técnicas e organizativas adequadas para garantir a segurança dos seus serviços, se necessário conjuntamente com o fornecedor da rede pública de comunicações no que respeita à segurança da rede. Tendo em conta o estado da técnica e os custos da sua aplicação, essas medidas asseguram um nível de segurança adequado aos riscos existentes."
Neste enquadramento, a empresa *Digital Rights* interpôs um recurso na *High Court*, alegando que é proprietária de um telefone móvel, registado em 3 de junho de 2006, que utiliza desde essa data, questionando a legalidade das medidas legislativas e administrativas nacionais respeitantes à conservação de dados relativos a comunicações eletrónicas, peticionando, por isso, ao órgão jurisdicional de reenvio que declare a nulidade da Diretiva 2006/24 e da sétima parte da Lei de 2005, sobre Justiça Penal (infrações terroristas) [Criminal Justice (Terrorist Offences) Act 2005], que prevê que os fornecedores de serviços de comunicações telefónicas devem conservar os dados respeitantes a estas últimas, relativos ao tráfego e à localização durante um período determinado por lei, com o objetivo de prevenção e deteção das infrações, de investigação e repressão das mesmas e para garantir a segurança do Estado.
Em face do pedido, o Tribunal Irlandês formulou as seguintes questões prejudiciais:
«1) A restrição dos direitos da [recorrente], no que respeita à utilização da rede telefónica móvel, resultante das exigências dos artigos 3.º, 4.º e 6.º da Diretiva 2006/24/CE

com a recente jurisprudência do TEDH, firmada no acórdão *Big Brother Watch c. Reino Unido* (queixa n.º 58170/13)[14].

Por seu turno, no artigo 10.º, pode o intérprete descortinar nova manifestação da natureza estruturante dos princípios da *necessidade, adequação e proporcionalidade* que, assumidamente, o legislador pretendeu que perpassasse por toda a disciplina inscrita no diploma, estabelecendo que a apreciação judicial deve estribar-se na valoração, concreta e detalhada, daqueles princípios, mediante despacho a proferir no prazo máximo de 48 horas, que contudo, em *situações de urgência devidamente fundamentadas*, pode ser encurtado.

Pode, ainda, divisar-se a corroboração da natureza estruturante daqueles princípios no artigo 12.º do diploma, que reitera que os *dados são recolhidos para finalidades determinadas, explícitas e legítimas* e quando sejam *adequados, pertinentes e não excessivos relativamente às finalidades para que são recolhidos*. O preceito prevê um sistema de comunicações das decisões de cancelamento de acessos e destruição de dados quer à PGR, quer à Comissão de Fiscalização de dados do SIRP.

é incompatível com o artigo 5.º, n.º 4, TUE, na medida em que é desproporcionada e desnecessária ou inadequada para alcançar os objetivos legítimos de:
a) assegurar que determinados dados são disponibilizados para efeitos de investigação, deteção e repressão de crimes graves? e/ou
b) assegurar o funcionamento adequado do mercado interno da União Europeia?
2) Concretamente,
a) A Diretiva 2006/24/CE é compatível com o direito dos cidadãos de circularem e permanecerem livremente no território dos Estados-Membros, consagrado no artigo 21.º TFUE?
b) A Diretiva 2006/24/CE é compatível com o direito ao respeito pela vida privada, consagrado no artigo 7.º da Carta [dos Direitos Fundamentais da União Europeia (a seguir 'Carta')] e no artigo 8.º da CEDH?
c) A Diretiva 2006/24/CE é compatível com o direito à proteção dos dados pessoais, consagrado no artigo 8.º da Carta?
d) A Diretiva 2006/24/CE é compatível com o direito à liberdade de expressão, consagrado no artigo 11.º da Carta e no artigo 10.º da CEDH?
e) A Diretiva 2006/24/CE é compatível com o direito a uma boa administração, consagrado no artigo 41.º da Carta?
3) Em que medida os Tratados — e, em concreto, o princípio da cooperação leal previsto no artigo 4.º, n.º 3, TUE — exigem que os tribunais investiguem e apreciem a compatibilidade das medidas nacionais de transposição da Diretiva 2006/24/CE com as garantias conferidas pela [Carta], incluindo o seu artigo 7.º (cujo conteúdo é inspirado no artigo 8.º da CEDH)?».

[14] O aresto é tratado no subcapítulo seguinte.

Uma palavra final para o artigo 7.º da L.O. que estabeleceu o agravamento da moldura penal para *quem, violando a proibição de ingerência do pessoal do SIRP na correspondência, nas telecomunicações e nos demais meios de comunicação for condenado* pelos crimes previstos nos artigos 193.º, 194.º e 384.º do Código Penal.

Como é sabido, embora presentemente em vigor, a referida Lei Orgânica foi objeto de um pedido de fiscalização sucessiva da constitucionalidade – circunscrito aos artigos 3.º e 4.º – subscrito por 35 deputados à Assembleia da República e apresentado no Tribunal Constitucional em Janeiro de 2018.

Subsequentemente, o Governo aprovou, em 28 de Agosto de 2018, a Portaria n.º 237-A/2018, de 28 de Agosto, que *define as condições técnicas e de segurança da comunicação eletrónica para efeito de efeito de transmissão diferida dos dados de telecomunicações e Internet* obtidos de acordo com o regime consagrado na referida Lei Orgânica[15].

A referida Portaria determina a criação de um serviço informático, baseado na internet, especificamente para este efeito, denominado de *sistema de acesso ou pedido de dados aos prestadores de serviços de comunicações eletrónicas* (abreviadamente designado por SAPDOC) e desenvolvido e gerido pelo IGFEJ.

Cotejada a Lei Orgânica importa, agora, explanar algumas considerações, de natureza crítica, que o seu teor suscita.

Desde logo, no que concerne ao objeto do diploma (previsto no artigo 1.º da LO), merece realce crítico a consignação de um conjunto de conceitos vagos, abertos e de teor indeterminado, como sejam *segurança interna, defesa, segurança do Estado e prevenção da espionagem e do terrorismo.* As dificuldades na interpretação e preenchimento de tais conceitos adensam-se ao notarmos que, por exemplo, a *segurança interna* é, nos termos do número 1, do artigo 272.º da Constituição, função acometida à polícia. Recorde-se que, como é sabido e foi enfatizado pelo menos num dos Pareceres acima convocados, é inequívoco que os serviços de informações não assumem a natureza de órgãos de polícia criminal (artigo 4.º, número 1, da Lei Quadro do Sistema de Informações da República Portuguesa, LQSIRP). Na verdade, os *serviços* encontram-se exclusivamente vocacionados para a *produção de informações*, conforme

[15] Publicada no Diário da República, 1.ª Série, n.º 165, de 28 de Agosto de 2018.

estabelece o número 2, do artigo 2.º da LQSIRP, estando-lhes vedada, de forma expressa, a prática de atos ou atividades pertencentes ao âmbito de competência de entidades com funções policiais (número 2, do artigo 6.º da Lei Orgânica do Sistema de Informações da República Portuguesa). Donde, e na ausência de norma da L.O. que remeta para outros diplomas, em que outras fontes legislativas deve o intérprete ou o julgador perscrutar subsídios para o preenchimento daqueles conceitos?

Por outro lado, contrariamente à Lei de Segurança Interna (aprovada pela Lei n.º 53/2008, de 29 de Agosto, alterada pela Lei n.º 59/2015, de 24 de Junho), cujo artigo 1.º, número 2, remete para a lei penal e processual penal, no caso da Lei Orgânica subsiste a dúvida de saber se os conceitos de *espionagem, terrorismo* e *criminalidade altamente violenta* devem preencher-se com recurso às definições consagradas, respetivamente, no Código Penal e Código de Processo Penal; ou se, pelo contrário, atento o patamar *a montante* da notícia do crime em que se situa a intervenção dos serviços de informações, o preenchimento de tais conceitos prescinde da *tipicidade, legalidade e* estanquicidade que caracteriza a hermenêutica jurídico-penal.

Ainda a propósito da (im)precisão terminológica, suscita-nos as maiores reservas a admissibilidade, prevista no artigo 3.º da L.O., de acesso a dados de base e de localização de equipamento para a produção de informações dirigida à prevenção de *criminalidade altamente organizada.*

É que, não encerrando a sobredita L.O. qualquer definição do que seja *criminalidade altamente organizada*, o intérprete vê-se confrontado com a questão de saber se a subsunção do conceito deve operacionalizar-se com recurso à definição prevista na alínea m), do artigo 1.º do Código de Processo Penal. Sucede que, esta definição, caracteriza-se pela amplitude do elenco de condutas criminosas ali previstas, contemplando os crimes de associação criminosa, tráfico de influências, tráfico de armas, tráfico de estupefacientes ou de substâncias psicotrópicas, corrupção, tráfico de influência, participação económica em negócio ou branqueamento. Ora, retomando as finalidades acometidas aos serviços de informações, expressamente delimitadas pelo número 2, do artigo 1.º da LQSIRP, constata-se que ali apenas se admite a produção de informações com vista à *prevenção da segurança interna e externa, independência e interesses nacionais e à unidade e integridade do Estado.* Por conseguinte, dificilmente se poderá sustentar que crimes como a corrupção, tráfico de influências ou branqueamento de capitais – que integram a comumente designada *criminalidade económica* – encontram respaldo legal na natureza das competências atribuídas aos serviços de informações.

Finalmente, não pode deixar de se assinalar que não se divisa qualquer *acrescento* relevante na norma que prevê a comunicação ao Ministério Público, do procedimento de acesso aos dados. Na verdade, num procedimento que se pretende essencialmente célere e que se *aconselha* deveras circunscrito quanto ao número de intervenientes, não se descortina na norma qualquer teleologia imediatamente apreensível. Recorde-se que a intervenção dos serviços de informações situa-se, tendencialmente, no patamar que antecede a notícia do crime, que estes não têm a natureza de órgão de polícia criminal sujeito a qualquer controlo de legalidade por parte do Ministério Público e que a atividade dos *serviços* é objeto de intenso escrutínio por parte do órgão de soberania Assembleia da República, não se compreendendo a utilidade daquele preceito.

Para concluir, cumpre realçar que as identificadas dificuldades de interpretação ora enunciadas não se situam no patamar de aferição da sua conformidade com a Lei Fundamental. Com efeito, arredando, por ora, a tarefa de perscrutar a consentaneidade da L.O. com parâmetros constitucionais, é inequívoco que o diploma confronta o intérprete/ /aplicador com múltiplas hesitações e incertezas quanto à possibilidade de alcançar uma verdadeira compatibilização e coerência com os princípios e disciplina acolhida nos demais diplomas jurídicos que enformam o arquétipo legal dos serviços de informações da república Portuguesa.

Na senda do que já tivemos ocasião de explanar a propósito da natureza jurídica dos *serviços*, afigura-se-nos, que verdadeiramente, o *nó górdio* reside na contradição de afirmar, por um lado, que os serviços de informações não têm natureza de órgão de polícia criminal, mas, por outro lado, o legislador persistir em atribuir-lhes instrumentos próprios da função policial. Na verdade, não se divisando entraves de natureza constitucional a que os serviços de informações assumissem uma natureza *mista*, que concatenasse atribuições de produção de informações com instrumentos de atuação próprios de um o.p.c., *arrisca-se* salientar que apenas o *fantasma* da PIDE/DGS impede o legislador de assumir, com plenitude, que o combate às ameaças reais, complexas e de natureza transnacional que hodiernamente se abatem sobre os Estados, não pode prescindir do acesso aos *metadados* por parte dos serviços de informações. Urge, por isso, *ultrapassar o fantasma* e conferir aos serviços de informações outra natureza (e, por conseguinte, outras competências), com a consequente – e igualmente imprescindível – intensificação da disciplina legal de vigilância e fiscalização a que os serviços devem, através da Assembleia da República e de controlo judicial, necessariamente estar sujeitos.

2.2.2. Perspetiva comparada: o quadro legal de atuação dos Serviços de Informações na Alemanha, Espanha, França e Reino Unido

Estabelecido o quadro legal vigente, em Portugal, em matéria de acesso aos *metadados* por parte dos serviços de informações, afigura-se pertinente uma perfunctória excursão pela legislação dos outros países da União Europeia, que estabelece o quadro de legal em que atuam os respetivos serviços de informações[16].

Preliminarmente, salienta-se que, em face da variedade normativa que, pelo globo, caracteriza os regimes legais que disciplinam a atuação dos serviços de informações e de segurança, o Conselho de Direitos Humanos das Nações Unidas, subscreveu, em 2010, o relatório de Martin Scheinin, por meio do qual, visando assegurar a promoção e proteção dos direitos, liberdades e garantias em contexto de combate ao terrorismo[17], condensou uma série de *boas práticas*, de que se destacam as seguintes:

> *Practice 1. Intelligence services play an important role in protecting national security and upholding the rule of law. Their main purpose is to collect, analyse and disseminate information that assists policymakers and other public entities in taking measures to protect national security. This includes the protection of the population and their human rights.*
>
> *Practice 2. The mandates of intelligence services are narrowly and precisely defined in a publicly available law. Mandates are strictly limited to protecting legitimate national security interests as outlined in publicly available legislation or national*

[16] Para esse efeito, perscrutar-se-á e transpor-se-á para este trabalho os dados constantes dos relatórios da Agência Europeia dos Direitos Humanos (FRA), de 2015 e 2017, disponíveis no respetivo sítio da *internet*: *Surveillance by intelligence services – Volume I: Member State's legal frameworks* e *Surveillance by intelligence services: fundamental rights safeguards and remedies in the EU.*

[17] Disponível para consulta aqui https://www2.ohchr.org/english/bodies/hrcouncil/docs/14session/A.HRC.14.46.pdf

security policies, and identify the threats to national security that intelligence services are tasked to address. If terrorism is included among these threats, it is defined in narrow and precise terms.

Practice 3. The powers and competences of intelligence services are clearly and exhaustively defined in national law.

Practice 4. All intelligence services are constituted through, and operate under, publicly available laws that comply with the Constitution and international human rights law. Intelligence services can only undertake or be instructed to undertake activities that are prescribed by and in accordance with national law. The use of subsidiary regulations that are not publicly available is strictly limited, and such regulations are both authorized by and remain within the parameters of publicly available laws. Regulations that are not made public do not serve as the basis for any activities that restrict human rights.

Practice 11. Intelligence services carry out their work in a manner that contributes to the promotion and protection of the human rights and fundamental freedoms of all individuals under the jurisdiction of the State. Intelligence services do not discriminate against individuals or groups on the grounds of their sex, race, colour, language, religion, political or other opinion, national or social origin, or other status.

Practice 12. National law prohibits intelligence services from engaging in any political activities or from acting to promote or protect the interests of any particular political, religious, linguistic, ethnic, social or economic group.

Practice 15. Constitutional, statutory and international criminal law applies to members of intelligence services as much as it does to any other public oficial.

Practice 23. Publicly available law outlines the types of personal data that intelligence services may hold, and which criteria apply to the use, retention, deletion and disclosure of these data. Intelligence services are permitted to retain personal data that are strictly necessary for the purposes of fulfilling their mandate.

Practice 27. Intelligence services are not permitted to use powers of arrest and detention if they do not have a mandate to perform law enforcement functions. They are not given powers of arrest and detention if this duplicates powers held by law enforcement agencies that are mandated to address the same activities[18].

A maioria destas *guidelines* encontram-se presentes nos quadros normativos que regem a atuação dos serviços de informações dos países que integram a União Europeia. Desde logo, faz-se notar, na maioria

[18] Assim sucede na Hungria, Bulgária e Noruega.

dos Estados-Membros da EU, a lei estabelece uma clara linha distintiva entre os órgãos de polícia criminal e os serviços de informações, o que se reflete na existência de orgânicas e pessoal próprio, assim como na existência de regimes jurídicos diferenciados na conformação da atividade desenvolvida por uns e por outros[19]. Efetivamente, apenas na Dinamarca, Áustria, Finlândia e na Irlanda, a entidade responsável pela produção de informações está integrada na polícia[20].

Sem prejuízo da sobredita dicotomia, na maioria dos Estados membros, o quadro legislativo estabelece a partilha de dados entre os órgãos de polícia criminal e os serviços de informações, em particular, nas matérias consideradas *common ground*, como sejam o combate ao terrorismo, realçando-se, por exemplo que, na Alemanha, desde 2004, que a polícia e os serviços de informação utilizam bases de dados comuns.

Vejamos, então, em concreto, o quadro legal que norteia a atuação dos serviços de informações em Espanha, França, Alemanha e Reino Unido, esclarecendo-se que a opção, pelo cotejo do arquétipo destes países, se deve à circunstância de se tratarem de países com significativa dimensão territorial e populacional, que foram já efetivamente confrontados, no seu próprio território, com os efeitos do terrorismo.

Em Espanha, o arquétipo dos serviços de informações assenta numa tríade de organismos: o *Centro Nacional de Protección de Infraestructuras Críticas* (CNPIC), de natureza civil interna, o *Centro Nacional de Inteligencia* (CNI) e *Centro de Inteligencia Contra el Terrorismo y el Crimen Organizado* (CITCO) (civil interna e externa) e o *Centro de Inteligencia de las Fuerzas Armadas (CIFAS)* (militar). O *Centro Nacional de Inteligencia*, criado pela Lei n.º 11/2002, de 6 de Maio, dedica-se à produção de informações, análises e estudos para prevenção de qualquer perigo, ameaça ou agressão contra a independência e integridade territorial de Espanha, os seus interesses nacionais e a estabilidade do Estado de Direito e suas instituições. Tal informação é fornecida ao Presidente do Governo e ao Governo. O CNI

[19] Já em 1999, a Assembleia Parlamentar do Conselho da Europa preconizava que "internal security services should not be authorised to carry out law enforcement tasks such as criminal investigations, arrests, or detention. Due to the high risk of abuse of these powers, and to avoid duplication of traditional police activities, such powers should be exclusive to other law enforcement agencies".

[20] Na Dinamarca, os serviços de informações (*Politiets Efterretningstjeneste*, PET) podem implementar medidas coercivas de investigação, definidas pelo *Administration on Justice Act*.

está sujeito a intenso escrutínio parlamentar, incidente quer sobre as dotações orçamentais que lhe são afetas para a prossecução das suas atividades, quer sobre a sua concreta atuação e atividades desenvolvidas, apenas sendo vedado ao Parlamento o conhecimento da identidade das fontes utilizadas pelo CNI e bem assim informações provenientes de serviços estrangeiros. Ao CNI é admitido o uso de medidas de vigilância, entre as quais, o acesso a *metadados* e aos sistemas de vigilância eletrónica instalados por empresas privadas (artigo 15.º da Ley 5/2014 de 4 de Abril). Além disso, sempre que o CNI pretenda a quebra do segredo das comunicações, deve dirigir, ao Supremo Tribunal, um pedido, escrito e fundado, escalpelizando as razões da necessidade da medida e bem assim o tempo de duração da mesma.

Por seu turno, em França, *sob o chapéu* do *Conseil National du Renseigment* (criado em 2009) encontram-se a *Direction Générale de la Sécurité Intérieure* (de natureza civil dedicado a *atividade doméstica*), a *Direction de la Sécurité Extérieure* (de natureza civil mas dedicado à proteção externa do Estado, empregando as duas estruturas civis cerca de 2100 trabalhadores) e a *Direction du Renseignement Militaire* (de natureza militar, que emprega cerca de 700 pessoas). Desde 2015, que a Lei (*Projet de loi relatif au renseignemen,* aprovado pela Assembleia Nacional em 25 de Junho de 2015) consagrou, aquilo que se denomina como os dois *círculos* ou *esferas* de atuação da atividade de produção de informações: no primeiro círculo, intervém seis entidades especializadas na produção de informações, para o que têm acesso aos meios previstos no *Code de lá Sécurité Interiéure*; no segundo círculo, a produção de informações e os meios disponibilizados decorrem de um específico e casuístico mandato parlamentar que delimita as finalidades a prosseguir, concatenando forças policiais, serviços de segurança e representantes dos serviços prisionais, para efeitos de prevenção e combate ao terrorismo, crime organizado e crimes praticados dentro dos estabelecimento prisionais. Com a aprovação da nova legislação de 2015, procedeu-se a uma alteração do *Code de la Sécurité Intérieure* impondo-se, às operadoras móveis e aos fornecedores de internet, a implementação de um *selecionador automático*, baseado num algoritmo que, com vista à deteção de ameaças terroristas, seleciona e armazena, em modo contínuo, *metadados* identificados pelos parâmetros delimitados pelo algoritmo, sem prévia determinação de um *alvo concreto*. Nesta dinâmica, se o processamento automático apurar a existência de dados suscetíveis de indiciarem a existência de uma ameaça terrorista, a informação é imediatamente remetida ao Primeiro-Ministro que, após audição do órgão de controlo, autoriza a revelação da identidade do utilizador.

No que concerne às demais prerrogativas de atuação dos serviços de informações franceses, a Lei n.º 91-646 admite o recurso a interceções telefónicas, conquanto o seu escopo radique na necessidade de obter informações atinentes à segurança nacional, à salvaguarda dos elementos essenciais do potencial científico e económico de França ou à prevenção do terrorismo, criminalidade e delinquência organizada. O pedido para autorização da interceção deve ser escrito e fundamentado e, após prévia consulta à *Comission Nationale de Controle des Interception de Sécurité (CNCIS)*, a sua autorização compete ao Primeiro-Ministro. Além disso, o sobredito *Código de Segurança Interior* faculta ainda, aos serviços de informações, o acesso administrativo a dados de conexão (artigos L 851-1 a L851-7), sonorização de certas instalações e veículos e captação de imagens e dados informáticos (artigos L853-1 a L853-3) e medidas de vigilância das comunicações eletrónicas internacionais (artigos L854-1 a L854-9).

No plano militar, a *Loi n.º 2006-64*, de 24 de Janeiro foi reformulada pela Lei da programação militar de 2013, autorizando, por exemplo, os serviços a procederem ao controlo de identidade a bordo de comboios fronteiriços e a procederem à requisição administrativa de dados relativos às comunicações eletrónicas, sempre que esteja em causa a luta contra o terrorismo.

Vejamos, agora, o quadro jurídico na Alemanha.

Aqui, sob a égide do órgão de governo, atuam, igualmente, três serviços de informações: o BFS, Serviço Federal para a Proteção da Constituição; o MAD, Serviço de Proteção Militar; e o BDN, Serviço Federal de Informações. Entre os vários meios disponibilizados, consta a interceção de comunicações (mensagens e comunicações móveis), a pedido do Ministro do Interior, na sequência de impulso dos serviços de informações, estando a ulterior autorização a cargo da Comissão G-10, composta por 4 membros e presidida por um Juiz – porém, em situações de emergência, devidamente fundadas, o Ministro do Interior pode dispensar a intervenção da Comissão G-10, que, nestas circunstâncias, é convocada em momento ulterior, cabendo-lhe tão só *confirmar* a autorização concedida ou ordenar a cessação da interceção, se considerar que para tanto não se verificam os legais pressupostos. Os pedidos de interceção de comunicações são admitidos para fazer face a situações de ataques armados, terrorismo internacional, tráfico e proliferação de armas, tráfico de estupefacientes de elevada dimensão, contrafação de moeda suscetível de pôr em causa a estabilidade do euro, branqueamento de capitais e tráfico de pessoas de dimensão agravada. A atuação dos serviços é objeto de escrutínio parlamentar, a cargo do Comité de Controlo Parlamentar, composto por 10 membros, podendo solicitar ao Governo Federal informações sobre qualquer atividade das três agências e sobre qualquer operação concretamente levada a cabo por estas.

Finalmente, é tempo de cotejar o regime vigente no Reino Unido.

À semelhança dos precedentes, também aqui o arquétipo assenta na destrinça serviços de informações civis, de vocação interna ou externa, especificamente MI5 (BBS *British Security Service*) e MI6 (SIS *Secret Intelligence Service*) e o serviço militar, DI Defence Intelligence.

A *RIPA – Regulation of Investigatory Powers* é a lei que define os poderes de vigilância e investigação cometidos aos serviços, que contemplam interceções telefónicas, as denominadas *bulk interception* (interceção em massa, sem alvo concreto, utilizada pelo MI5 para antecipar e investigar planos terroristas e ataques à cibersegurança, suscetíveis de colocarem em perigo a segurança nacional), cuja autorização está a cargo do órgão de natureza executiva. Porém, em 2016, a *UK Investigatory Powers Act* introduziu a exigência de confirmação judicial das decisões e medidas de ingerência nas comunicações determinadas pelo órgão executivo (*Secretary of State*).

Em síntese, desta breve panorâmica, resultam algumas proeminentes asserções: a maioria dos países da União Europeia autonomiza os serviços de informações das entidades com funções policiais, estabelecendo a destrinça em função das matérias a cargo de cada um; em território europeu, pontificam serviços de informações com acesso a interceções telefónicas (isto é, dados de conteúdo), sem necessidade de prévio controlo judicial e mediante decisão de órgãos pertencentes ao Executivo; a vigilância e fiscalização da atuação dos serviços de informações realiza-se, tendencialmente, por via de controlo parlamentar, que supervisiona a afetação dos recursos orçamentais e as medidas e operações concretamente levadas a cabo.

A finalizar não vá sem dizer-se que, a perspetiva comparada, que nos dá conta do recurso a interceções telefónicas, *bulk interception* e algoritmos, não pode deixar de causar confrangimento quando cotejada com o panorama português, em que o simples recurso a *metadados* (desprovidos de dados de conteúdo) ainda, volvidos 40 anos após o 25 de abril, se mostra controverso e sucessivamente objeto de juízos de inconstitucionalidade por parte do Tribunal Constitucional.

2.3. A atuação dos serviços de informações europeus, à luz da Convenção Europeia dos Direitos Humanos e da Carta dos Direitos Fundamentais da União Europeia

2.3.1. Os parâmetros da segurança e da privacidade na jurisprudência do TJUE

Quer o artigo 6.º da Carta dos Direitos Fundamentais da União Europeia[21], quer o número 1, do artigo 5.º da Convenção Europeia dos Direitos Humanos[22] estabelecem que toda a pessoa *tem direito à liberdade e à segurança*.

De igual sorte, também o artigo 8.º da CEDH interdita, ao Estado, a ingerência na vida privada e nas comunicações, exceto, quando tal *ingerência estiver prevista na lei e constituir uma providência que, numa sociedade democrática, seja necessária para a segurança nacional, para a segurança pública, para o bem – estar económico do país, a defesa da ordem e a prevenção das infrações penais, a proteção da saúde ou da moral, ou a proteção dos direitos e das liberdades de terceiros.*

Sucede que, sem prejuízo daquelas disposições, a segurança é matéria da exclusiva competência dos Estados membros, conforme dispõem os artigos 4.º, n.º 2 do TUE e 346.º, n.º 1, alínea a), TFUE:

[21] A Carta dos Direitos Fundamentais da União Europeia tornou-se juridicamente vinculativa para a UE com a entrada em vigor do Tratado de Lisboa, em dezembro de 2009, e possui agora o mesmo valor jurídico que os Tratados da UE.

[22] A CEDH, assinada em 1950 pelo Conselho da Europa, é um tratado internacional destinado a proteger os direitos humanos e as liberdades fundamentais na Europa. Os 47 países que formam o Conselho da Europa são parte na Convenção, sendo 28 desses países membros da UE.

Artigo 4.º

1. Nos termos do artigo 5.º, as competências que não sejam atribuídas à União nos Tratados pertencem aos Estados-Membros.

2. A União respeita a igualdade dos Estados-Membros perante os Tratados, bem como a respetiva identidade nacional, refletida nas estruturas políticas e constitucionais fundamentais de cada um deles, incluindo no que se refere à autonomia local e regional. A União respeita as funções essenciais do Estado, nomeadamente as que se **destinam a garantir a integridade territorial, a manter a ordem pública e a salvaguardar a segurança nacional**. Em especial, **a segurança nacional continua a ser da exclusiva responsabilidade de cada Estado-Membro**. (destaque nosso)

Artigo 346.º

1. As disposições dos Tratados não prejudicam a aplicação das seguintes regras:

a) Nenhum Estado-Membro é obrigado a fornecer informações cuja divulgação considere contrária aos interesses essenciais da sua própria segurança;

b) Qualquer Estado-Membro pode tomar as medidas que considere necessárias à proteção dos interesses essenciais da sua segurança e que estejam relacionadas com a produção ou o comércio de armas, munições e material de guerra; tais medidas não devem alterar as condições de concorrência no mercado interno no que diz respeito aos produtos não destinados a fins especificamente militares.

Neste enquadramento, afigura-se relevante perscrutar alguma da jurisprudência que o TEDH e TJUE vêm prolatando, a propósito, designadamente, dos conceitos de segurança pública, combate ao terrorismo, direito à privacidade e reserva da vida privada, ações de vigilância, partilha de dados entre Estados, *metadados* e *bulk interceptions*.

Comecemos pela jurisprudência do TJUE.

A este respeito, cumpre fazer notar que, por causa das disposições supra, não raras vezes os Estados-membros questionam a competência do Tribunal para dirimir os litígios em que são suscitadas questões prejudiciais atinentes a matéria de segurança. Contudo, o TJUE tem salientado que, *embora seja da competência dos Estados-Membros adotarem medidas próprias para assegurar a sua segurança interna e externa, o mero facto de uma decisão dizer respeito à segurança do Estado não pode implicar a inaplicabilidade do direito da União* (cf.. neste sentido, o acórdão de 15 de dezembro de 2009, Comissão/Itália, C-387/05, Colet., p. I-11831, n.º45, disponível no site do *eur-lex*).

Vejamos, pois, com maior detalhe, alguns dos arestos proferidos, dos quais se afigura possível, a final, retirar algumas asserções.

No acórdão que opôs *ZZ* vs. *Secretary of the state of home department* (C-300/11, de 4 de Junho de 2013, disponível no site do eur-lex) a discussão centrou-se no conceito de *ameaça para a segurança pública* e o subsequente acesso dos cidadãos aos factos, concretizados e detalhados, que fundam as decisões do Governo, de recusa de entrada em território do Reino Unido, por alegada existência de uma ameaça para a sobredita segurança.

Neste conspecto, questionou-se a conformidade dos artigos 27.º e 30.º da Diretiva 2004/38 (relativa à limitação, pelos Estados-Membros, do direito de entrada e do direito de residência dos cidadãos da União Europeia, por razões de ordem pública, de segurança pública ou de saúde pública), à luz do artigo 47.º da CDFUE (direito à ação e a um tribunal imparcial). Em concreto, estabelece, o artigo 27.º , n.º 1, desta diretiva que *sob reserva do disposto no presente capítulo, os Estados-Membros podem restringir a livre circulação e residência dos cidadãos da União e dos membros das suas famílias, independentemente da nacionalidade, por razões de ordem pública, de segurança pública ou de saúde pública. Tais razões não podem ser invocadas para fins económicos.* Por seu turno, o número 1, do artigo 30.º determina que *qualquer decisão nos termos do n.º 1 do artigo 27.º deve ser notificada por escrito às pessoas em questão, de uma forma que lhe permita compreender o conteúdo e os efeitos que têm para si.*

O enquadramento factual, que ditou a decisão de recusa de entrada, era o seguinte: ZZ possuía dupla nacionalidade francesa e argelina, sendo casado, desde 1990, com uma cidadã do Reino Unido, de quem teve oito filhos, com idades entre os 9 e os 20 anos. De 1990 a 2005, residiu legalmente no Reino Unido. Em 2004, o *Secretary of State* concedeu-lhe o direito de residência permanente no território desse Estado-Membro. Em agosto de 2005, após ZZ ter abandonado o Reino Unido, para se instalar na Argélia, o *Secretary of State* decidiu anular o seu direito de residência e proibir-lhe a entrada no território do Reino Unido, com o fundamento de que a sua presença era prejudicial para o interesse geral. Na sequência desta decisão, ZZ foi reconduzido à Argélia.

Perante a recusa, ZZ pretendeu aceder aos documentos e demais informação que estribavam a decisão do *Secretary of State*, o que lhe foi negado. ZZ impugnou, então, a decisão para o órgão jurisdicional competente, que lhe nomeou dois *advogados especiais*, a quem foram disponibilizadas as *provas confidenciais* em que se baseou a decisão de recusa e perante as quais aqueles, com o fito de as contraditar, podiam apresentar outros elementos de prova, inquirir testemunhas e submeter observações escritas ao órgão jurisdicional. Os referidos advogados atuavam em representação dos interesses do Recorrente, mas privados da possibilidade de transmitir ou confrontar o Recorrente com os elementos obtidos. No que respeita às *provas públicas*, foi comunicado ao Recorrente que o Reino Unido estava convencido de que estivera implicado em atividades da rede do Grupo Islâmico Armado e em atividades terroristas entre 1995 e 1996; além disso, objetos de que este tinha admitido ser, ou ter sido, proprietário tinham sido descobertos, em 1995, na Bélgica, em locais arrendados por um conhecido extremista, onde foram encontradas armas e munições. Após a discussão da causa, o órgão jurisdicional competente concluiu que, *por razões explicadas unicamente na decisão confidencial*, ficara *convencido que o comportamento pessoal de ZZ representa uma ameaça real, atual e suficientemente grave que afeta um interesse fundamental da sociedade, a saber, a sua segurança pública, que prevalece sobre o direito do recorrente e da sua família de desfrutarem da sua vida familiar no Reino Unido.*

Perante esta decisão, foi a seguinte a questão prejudicial formulada ao TJUE:

> *O princípio da proteção jurisdicional efetiva, consagrado no artigo 30.º, n.º 2, da Diretiva 2004/38, conforme interpretado à luz do artigo 346.º, n.º 1, alínea a), [TFUE], exige que um órgão jurisdicional que conhece de um recurso interposto de uma decisão de [afastar de um Estado-Membro um cidadão da União], por razões de ordem pública e de segurança pública, em [aplicação do c]capítulo VI da Diretiva 2004/38, [...] garanta que [...] o cidadão da União em questão seja informado das razões [essenciais] dessa exclusão, apesar do facto de as autoridades do Estado-Membro e o órgão jurisdicional nacional competente, após [terem apreciado] todas as provas contra [...] esse cidadão da União em que se basearam as referidas autoridades, terem concluído que a divulgação dessas razões [essenciais seria] contrária aos interesses de segurança do Estado?*

Para resolver a questão controvertida, o Tribunal desenvolveu a seguinte fundamentação:

"(...) importa referir desde logo que, no caso em apreço, é pacífico que o *Secretary of State*, a autoridade nacional competente na matéria, não comunicou a ZZ os motivos precisos e completos que constituem o fundamento da decisão de recusa de entrada em causa no processo principal, a qual foi adotada em aplicação do artigo 27.º da Diretiva 2004/38.

No âmbito do processo na SIAC destinado a garantir, em conformidade com o sistema implementado pela regulamentação do Reino Unido, a fiscalização jurisdicional dessas decisões, o *Secretary of State* invocou a confidencialidade de elementos em que baseou a sua oposição ao recurso de ZZ.

Em conformidade com o artigo 4. º, n.º 1, do regulamento de processo da SIAC, esta deve garantir que não sejam divulgadas informações contrárias aos interesses da segurança do Estado.

(...) O artigo 30.º, n.º 1, da Diretiva 2004/38 prevê, no que respeita ao conteúdo e à fundamentação necessários de uma decisão tomada nos termos do artigo 27.º dessa diretiva, como a decisão de recusa de entrada em causa no processo principal, que essa decisão deve ser notificada por escrito ao interessado e de uma forma que lhe permita compreender o conteúdo e os efeitos que têm para si.

Além disso, o n.º 2 do mesmo artigo 30.º dispõe que as pessoas em questão são informadas, de forma clara e completa, das razões de ordem pública, de segurança pública ou de saúde pública em que se baseia a decisão, a menos que isso seja contrário aos interesses de segurança do Estado.

O artigo 31.º da referida diretiva exige que os Estados-Membros prevejam, na sua ordem jurídica interna, as medidas necessárias para permitir aos cidadãos da União e aos membros das suas famílias um acesso às vias de recurso jurisdicionais e, se for caso disso, administrativas, para impugnarem as decisões que limitam, por razões de ordem pública, de segurança pública ou de saúde pública, o seu direito de livre circulação e de livre residência nos Estados-Membros (v., neste sentido, o acórdão de 4 de outubro de 2012, Byankov, C-249/11, n.º 53, disponível no site do *euro-lex*). Em conformidade com o n.º 3 do mesmo artigo, a impugnação deve implicar um exame da legalidade da decisão bem como dos factos e circunstâncias que fundamentam a medida prevista.

Segundo a jurisprudência constante do Tribunal de Justiça, a efetividade da fiscalização jurisdicional, garantida pelo artigo 47.º da Carta, pressupõe que o interessado possa conhecer os motivos em que se baseou a decisão tomada contra si, seja através da leitura da própria decisão seja através da comunicação destes motivos feita a seu pedido, sem prejuízo do poder do juiz competente de exigir da autoridade em causa a comunicação desses motivos (acórdãos de 17 de março de 2011, Peñarroja Fa, C-372/09 e C-373/09, Colet., p. I-1785, n.º 63, e de 17 de novembro de 2011, Gaydarov, C-430/10, Colet., p. I-11637, n.º 41), a fim de lhe permitir defender os seus direitos nas melhores condições possíveis e decidir com pleno conhecimento de causa se é útil recorrer ao juiz competente, bem como para dar a este último todas as condições para exercer a fiscalização da legalidade da decisão nacional em causa (v., neste sentido, acórdãos de 15 de outubro de 1987, Heylens e o 222/86, Colet., p. 4097, n.º 17, e de 3 de setembro de 2008, Kadi e Al Barakaat International Foundation/Conselho e Comissão, C-402/05 P e C-415/05 P, Colet., p. I-6351, n.º 337).

É certo que se pode revelar necessário, quer num processo administrativo quer num processo judicial, não comunicar determinadas informações ao interessado, designadamente, tendo em atenção considerações imperativas relacionadas com a segurança do Estado (v., nesse sentido, acórdão Kadi e Al Barakaat International Foundation/Conselho e Comissão).

Quanto ao processo judicial, há que recordar que o Tribunal de Justiça já declarou que, à luz do princípio do contraditório que faz parte dos direitos de defesa, visados no artigo 47.º da Carta, as partes num processo devem ter o direito de tomar conhecimento de todos os documentos ou observações apresentados ao juiz, a fim de influenciarem a sua decisão e de os discutirem (acórdãos de 14 de fevereiro de 2008, Varec, C-450/06, Colet., p. I-581, n.º 45, de 2 de dezembro de 2009, Comissão/Irlanda e o., C-89/08 P, Colet., p. I-11245, n.º 52, e de 21 de fevereiro de 2013, Banif Plus Bank, C-472/11, n.º 30; v., igualmente, no que diz respeito ao artigo 6.º, n.º1, da Convenção para a Proteção dos Direitos do Homem e das Liberdades Fundamentais, assinada em Roma, em 4 de novembro de 1950, TEDH, acórdão Ruiz-Mateos c. Espanha de 23 de junho de 1993, série A, n. o 262, § 63).

Seria violar o direito fundamental a um recurso jurisdicional efetivo fundar uma decisão judicial em factos e documentos de que as próprias partes, ou uma delas, não puderam tomar conhecimento e sobre os quais, portanto, não estavam em condições de tomar posição.

No entanto, **se, em casos excecionais, uma autoridade nacional se opuser à comunicação ao interessado dos motivos precisos e completos que constituem o fundamento de uma decisão adotada em aplicação do artigo 27.º da Diretiva 2004/38, invocando razões de segurança do Estado, o juiz competente do Estado-Membro em causa deve ter à sua disposição e utilizar técnicas e regras de direito processual que permitam conciliar, por um lado, as considerações legítimas da segurança do Estado, quanto à natureza e às fontes das informações que foram tomadas em consideração para a adoção dessa decisão, e, por outro, a necessidade de garantir de forma suficiente ao interessado o respeito dos seus direitos processuais, como o direito a ser ouvido e o princípio do contraditório** (v., por analogia, acórdão Kadi e Al Barakaat International Foundation/Conselho e Comissão, já referido, n.º 344)." (destaque nosso)

Assim, em reposta à questão prejudicial, o TJUE estabeleceu que:

Os artigos 30.º, n.º 2, e 31.º da Diretiva 2004/38/CE do Parlamento Europeu e do Conselho, de 29 de abril de 2004, relativa ao direito de livre circulação e residência dos cidadãos da União e dos membros das suas famílias no território dos Estados-Membros, lidos à luz do artigo 47.º da Carta dos Direitos Fundamentais da União Europeia, devem ser interpretados no sentido de que exigem que o juiz nacional competente providencie para que a não divulgação ao interessado, pela autoridade competente, dos motivos precisos e completos em que se baseou uma decisão adotada em aplicação do artigo 27.º dessa diretiva, assim como dos elementos de prova a ela relativos, seja limitada ao mínimo necessário e para que, em todo o caso, seja comunicado ao interessado o teor dos referidos motivos de uma forma que tenha devidamente em conta a confidencialidade necessária dos elementos de prova.

Num outro acórdão, proferido nos autos de processo C-362/14, em 6 de Outubro de 2015, também a merecer destaque, foram oponentes *Maximillian Schrems* e *Data Protection Commissioner*, tendo-se questionando, à luz dos artigos 7.º, 8.º e 47.º da Carta dos Direitos Fundamentais da União Europeia, os artigos 25.º, n.º 6, e 28.º da Diretiva 95/46/CE do Parlamento Europeu e do Conselho, de 24 de outubro de 1995, relativa à proteção das pessoas singulares, no que diz respeito ao tratamento de dados pessoais e à livre circulação de dados dos utilizadores do *Facebook Ireland Ltd.* para os Estados Unidos.

M. Schrems, cidadão austríaco residente na Áustria, era utilizador da rede social Facebook, para o que, no momento da sua inscrição e à semelhança de todos os cidadãos residente na UE, teve de celebrar um contrato com a *Facebook Ireland,* filial da Facebook Inc., com sede nos Estados Unidos, a qual, por sua vez, transferia para os EUA e para tratamento, os dados pessoais dos utilizadores do Facebook residentes no território da União. Em 2013, M. Schrems apresentou ao *Commissioner* uma queixa interpelando-o a, no exercício das suas competências estatutárias, proibir a *Facebook Ireland* de transferir os seus dados pessoais para os Estados Unidos, alegando que o direito e as práticas em vigor neste país não asseguravam uma proteção suficiente contra as atividades de vigilância aí exercidas pelas autoridades públicas. Para sustentar a sua pretensão, M. Schrems invocava as revelações feitas por Edward Snowden sobre as atividades dos serviços de informação dos Estados Unidos, nomeadamente as da *National Security Agency* (Agência Nacional de Segurança). Contudo, a queixa foi arquivada, porque, por um lado, se entendeu que não havia provas de que a NSA tivesse acedido aos dados pessoais do queixoso e, por outro lado, o Tribunal já apreciara o nível de proteção conferido pelos EUA a dados pessoais conservados, tendo, através da Decisão n.º 2000/520, concluído que asseguravam um nível de proteção adequado.

Irresignado com o arquivamento, o queixoso recorreu para a *High Court* (Supremo Tribunal de Justiça), que concluiu que o direito irlandês proíbe a transferência de dados pessoais para fora do território nacional, salvo se o país terceiro em questão assegurar um nível adequado de proteção da vida privada, bem como dos direitos e liberdades fundamentais. O referido Tribunal salientou que o acesso massivo e indiscriminado a dados pessoais é, evidentemente, contrário ao princípio da proporcionalidade e aos valores fundamentais protegidos pela Constituição Irlandesa. Mais apontou que, para as interceções das comunicações eletrónicas serem reputadas conformes à Constituição, é necessário apresentar provas de que tais interceções têm caráter seletivo, de que a vigilância de certas pessoas ou de certos grupos de pessoas se justifica objetivamente no interesse da segurança nacional ou do combate à criminalidade e de que existem garantias adequadas e verificáveis. Assim, segundo a *High Court* (Supremo Tribunal de Justiça), se o processo principal fosse julgado apenas com base no direito irlandês, haveria então que concluir que, atendendo à existência de uma dúvida séria sobre a questão de saber se os Estados Unidos da América asseguram um nível de proteção adequado dos dados pessoais, o *Commissioner* devia, ao invés do arquivamento da queixa, ter procedido a uma investigação dos factos denunciados.

Confrontado com a questão, o TJUE considerou que:

> "O direito ao respeito da vida privada, garantido pelo artigo 7.º da Carta e pelos valores fundamentais comuns às tradições constitucionais dos Estados-Membros, ficaria privado do seu alcance se se permitisse que os poderes públicos acedessem às comunicações eletrónicas de forma aleatória e generalizada, sem nenhuma justificação objetiva baseada em considerações de segurança nacional ou de prevenção da criminalidade, associadas especificamente aos indivíduos em causa, e sem que essas práticas fossem rodeadas de garantias adequadas e verificáveis.
>
> Além disso, e sobretudo, a proteção do direito fundamental ao respeito da vida privada a nível da União exige que as derrogações à proteção dos dados pessoais e as suas limitações operem na estrita medida do necessário (acórdão Digital Rights Ireland e o processo C-293/12 e C-594/12).
>
> Assim, não é limitada ao estritamente necessário uma regulamentação que autoriza de modo generalizado a conservação da totalidade dos dados pessoais de todas as pessoas cujos dados foram transferidos da União para os Estados Unidos sem qualquer diferenciação, limitação ou exceção em função do objetivo prosseguido e sem que esteja previsto um critério objetivo que permita delimitar o acesso das autoridades públicas aos dados e a sua utilização posterior para fins precisos, estritamente limitados e suscetíveis de justificar a ingerência que tanto o acesso como a utilização desses dados comportam.
>
> Em particular, uma regulamentação que permita às autoridades públicas aceder de modo generalizado ao conteúdo das comunicações eletrónicas deve ser considerada lesiva do conteúdo essencial do direito fundamental ao respeito da vida privada, tal como é garantido pelo artigo 7.º da Carta (v., neste sentido, acórdão Digital Rights Ireland e o proc. C-293/12 e C-594/12).

O TJUE determinou, por isso que,

> *1) O artigo 25.º, n.º 6, da Diretiva 95/46/CE do Parlamento Europeu e do Conselho, de 24 de outubro de 1995, relativa à proteção das pessoas singulares no*

que diz respeito ao tratamento de dados pessoais e à livre circulação desses dados, conforme alterada pelo Regulamento (CE) n.º 1882/2003 do Parlamento Europeu e do Conselho, de 29 de setembro de 2003, lido à luz dos artigos 7.º, 8.º e 47.º da Carta dos Direitos Fundamentais da União Europeia, deve ser interpretado no sentido de que uma decisão adotada ao abrigo desta disposição, como a Decisão 2000/520/CE da Comissão, de 26 de julho de 2000, nos termos da Diretiva 95/46 relativa ao nível de proteção assegurado pelos princípios de «porto seguro» e pelas respetivas questões mais frequentes (FAQ), emitidos pelo Department of Commerce dos Estados Unidos da América, através da qual a Comissão Europeia constata que um país terceiro assegura um nível de proteção adequado, não obsta a que uma autoridade de controlo de um Estado-Membro, na aceção do artigo 28.º desta diretiva, conforme alterada, examine o pedido de uma pessoa relativo à proteção dos seus direitos e liberdades em relação ao tratamento de dados pessoais que lhe dizem respeito que foram transferidos de um Estado-Membro para esse país terceiro, quando essa pessoa alega que o direito e as práticas em vigor neste último não asseguram um nível de proteção adequado

2) A Decisão n.º 2000/520 é inválida.

No comummente denominado processo *TELE 2* (proferido nos processos C-2013/15 e C-698/15), o TJUE foi confrontado com a questão da conformidade do artigo 15.º, n.º 1, da Diretiva 2002/58/CE do Parlamento Europeu e do Conselho, de 12 de julho de 2002[23], relativa ao tratamento de dados pessoais e à proteção da privacidade no setor das comunicações eletrónicas (Diretiva relativa à privacidade e às comunicações eletrónicas) (JO 2002, L 201, p. 37), com os artigos 7.º, 8.º, e 52.º, n.º 1, da Carta dos Direitos Fundamentais da União Europeia. O acórdão foi proferido

[23] O artigo 15.ºda referida diretiva, *in*titulado «Aplicação de determ*in*adas disposições da Diretiva [95/46]», enuncia: «1. Os Estados-Membros podem adotar medidas legislativas para restr*ing*ir o âmbito dos direitos e obrigações previstos nos artigos 5.º e 6.º, nos n.os 1 a 4 do artigo 8.º e no artigo 9.º da presente diretiva sempre que essas restrições constituam uma medida necessária, adequada e proporcionada numa sociedade democrática para salvaguardar a segurança nacional (ou seja, a segurança do Estado), a defesa, a segurança pública, e a prevenção, a investigação, a deteção e a repressão de infrações penais ou a utilização não autorizada do sistema de comunicações eletrónicas, tal como referido no n.º 1do artigo 13.º da Diretiva. Para o efeito, os Estados-Membros podem designadamente adotar medidas legislativas prevendo que os dados sejam conservados durante um período limitado, pelas razões enunciadas no presente número. Todas as medidas referidas no presente número deverão ser conformes com os princípios gerais do direito comunitário, incluindo os mencionados nos n.º 1e 2do artigo 6.ºdo Tratado da União Europeia.

na sequência de dois pedidos distintos: o primeiro, decorrente de um litígio entre a *Tele 2* e a autoridade sueca de supervisão dos correios e telecomunicações (PTS), dado que a primeira notificou a segunda de que, na sequência da Declaração de invalidade da diretiva n.º 2006/24 (determinada pelo acórdão de 8 de Abril *Digital Rights Ireland*) deixaria de conservar os dados de tráfego e localização dos seus assinantes e utilizadores registados, o que motivou uma queixa da Direcção-Geral da Polícia Nacional, atenta a recusa da Tele2 em fornecer-lhe tais dados e em conservá-los, durante 6 meses, para efeitos de combate à criminalidade; o segundo, impulsionado por três cidadãos contra o *secretary of state for the home department* (Ministro da Administração Interna, Reino Unido da Grã-Bretanha e Irlanda do Norte), relativamente à conformidade, com o direito da União, da *section 1 do data retention and investigatory powers act 2014* (Lei de 2014 sobre a conservação de dados e os poderes de investigação, doravante RIPA).

Como ponto prévio, o TJUE recordou o considerando 11 da referida Diretiva, que expressamente estabelece que a mesma *não trata questões relativas à proteção dos direitos e liberdades fundamentais relacionadas com atividades não reguladas pelo direito comunitário, razão porque não interfere no equilíbrio existente entre o direito dos indivíduos à privacidade e a possibilidade de os Estados-Membros tomarem medidas como as referidas no n.º1 do artigo 15.ºda presente diretiva, necessários para a proteção da segurança pública, da defesa, da segurança do Estado (incluindo o bem-estar económico dos Estados quando as atividades digam respeito a questões de segurança do Estado) e a aplicação da legislação penal*[24]*. Assim sendo, a presente diretiva não afeta a capacidade de os Estados-Membros intercetarem legalmente comunicações eletrónicas ou tomarem outras medidas, se necessário, para quaisquer desses objetivos e em conformidade com a Convenção Europeia para a Proteção dos Direitos Humanos e das Liberdades Fundamentais, segundo a interpretação da mesma na jurisprudência do Tribunal Europeu dos Direitos do Homem.*

[24] O artigo 1.º da Diretiva 2002/58, intitulado «Âmbito e objetivos», dispõe:
1. A presente diretiva não é aplicável a atividades fora do âmbito do Tratado que institui a Comunidade Europeia, tais como as abrangidas pelos títulos V e VI do Tratado da União Europeia, e em caso algum é aplicável às atividades relacionadas com a segurança pública, a defesa, a segurança do Estado (incluindo o bem-estar económico do Estado quando as atividades se relacionem com matérias de segurança do Estado) e as atividades do Estado em matéria de direito penal.

Nos autos do processo, vinha, assim, questionada quer a conformidade do direito sueco (em concreto, a possibilidade de a polícia sueca, no âmbito dos serviços de informações, poder, sem conhecimento do operador de uma rede de comunicações, proceder à recolha de dados respeitantes às mensagens transmitidas numa rede de comunicações eletrónicas e bem assim apurar quais os equipamentos de comunicação eletrónica presentes numa determinada área geográfica), quer da legislação do Reino Unido (que permitia aos serviços de informações aceder a *metadados* e dados de localização por determinação do *secretary of state*, fundada no interesse da segurança nacional, da segurança pública e da prevenção e deteção de criminalidade, conforme previsto na section 21 da Lei de 2000, relativa à regulamentação dos poderes de investigação – RIPA – que consta do capítulo II desta lei, intitulado «Recolha e divulgação dos dados relativos a comunicações», cuja atuação é suscetível de ser sindicada por via de uma queixa junto do *Investigatory Powers Tribunal*, o Tribunal com competências de Instrução, no Reino Unido[25]).

Neste enquadramento, foram as seguintes, as questões prejudiciais, submetidas ao TJUE:

1) É compatível com o artigo 15.º, n.º1, da Diretiva 2002/58, à luz dos artigos 7.º, 8.º e 52.º, n.º1, da Carta, uma obrigação geral de conservar dados de tráfego relativos a todas as pessoas, a todos os meios de comunicação eletrónica e a todos os dados de tráfego, sem quaisquer distinções, limitações ou exceções, para efeitos do objetivo de combate à criminalidade [...]?

[25] (a) quaisquer dados relativos ao tráfego contidos numa comunicação ou a ela anexados (pelo remetente ou por outra entidade) para efeitos de um serviço postal ou de um sistema de telecomunicações através do qual seja ou possa ser transmitida;
(b) quaisquer *in*formações que não *in*cluam o conteúdo de uma comunicação [exceto *in*formações abrangidas pela alínea (a)] e que digam respeito à utilização por qualquer pessoa: (i) de um serviço postal ou de um serviço de telecomunicações; ou (ii) de uma parte de um sistema de telecomunicações, no âmbito do fornecimento ou da utilização dgge um serviço de telecomunicações;
(c) de quaisquer *in*formações não abrangidas pelas alíneas (a) ou (b), que se encontrem na posse de uma pessoa que forneça um serviço postal ou um serviço de telecomunicações, ou que sejam obtidas por esta pessoa, relativas aos dest*in*atários desse serviço.»

2) Em caso de resposta negativa à primeira questão, pode, não obstante, a conservação ser permitida quando:

   a) o acesso das autoridades nacionais aos dados conservados seja determinado conforme [descrito nos n.os 19 a 36 da decisão de reenvio], e
   b) [as exigências] de segurança sejam regulad[a]s conforme [descrito nos n.os 38 a 43 da decisão de reenvio], e
   c) todos os dados relevantes sejam conservados pelo período de seis meses, calculado a partir do dia em que cessa a comunicação, sendo subsequentemente apagados conforme [descrito no n.º 37 da decisão de reenvio]?»

Para proferir uma conclusão, o aresto desenvolveu a seguinte fundamentação, que se respinga, nos segmentos relevantes:

"(...) importa salientar que esta prevê uma conservação generalizada e indiferenciada de todos os dados de tráfego e dos dados de localização de todos os assinantes e utilizadores registados relativos a todos os meios de comunicação eletrónica, e que obriga os prestadores de serviços de comunicações eletrónicas a conservarem esses dados de forma sistemática, contínua e sem nenhuma exceção. Conforme resulta da decisão de reenvio, as categorias de dados visadas por esta regulamentação correspondem, em substância, àquelas cuja conservação estava prevista na Diretiva 2006/24.

Assim, os dados, que os prestadores de serviços de comunicações eletrónicas devem conservar, permitem encontrar e identificar a origem de uma comunicação e o seu destino, determinar a data, a hora, a duração e o tipo de uma comunicação, o equipamento de comunicação dos utilizadores, bem como localizar o equipamento de comunicação móvel. De entre estes dados constam, designadamente, o nome e o endereço do assinante ou do utilizador registado, o número de telefone do chamador e o número chamado bem como, em relação aos serviços de Internet, um endereço IP. Estes dados permitem, designadamente, saber quem é a pessoa com a qual um assinante ou um utilizador registado comunicou e através de que meio, assim como determinar o tempo da comunicação e o local a partir do qual esta foi efetuada. Além disso, permitem saber com que frequência o assinante ou o utilizador registado comunicam com certas pessoas durante um determinado período (v., por analogia, no que se refere à Diretiva 2006/24, acórdão Digital Rights, n.º 26).

Considerados no seu todo, estes dados são suscetíveis de permitir tirar conclusões muito precisas sobre a vida privada das pessoas cujos dados foram conservados, como os hábitos da vida quotidiana, os lugares onde se encontram de forma permanente ou temporária, as deslocações diárias ou outras, as atividades exercidas, as relações sociais dessas pessoas e os meios sociais que frequentam (v., por analogia, no que se refere à Diretiva 2006/24, acórdão Digital Rights, n.º 27). Em especial, estes dados fornecem os meios para determinar, conforme salientou o advogado-geral nos n.os 253, 254 e 257 a 259 das suas conclusões, o perfil das pessoas em causa, informação tão sensível, à luz do direito ao respeito da privacidade, como o conteúdo das próprias comunicações.

A ingerência que tal regulamentação comporta nos direitos fundamentais consagrados nos artigos 7.º e 8.º da Carta é muito ampla e deve ser considerada particularmente grave. O facto de a conservação dos dados ser efetuada sem que os utilizadores dos serviços de comunicações eletrónicas disso sejam informados é suscetível de gerar no espírito das pessoas em causa a sensação de que a sua vida privada é objeto de constante vigilância.

Ainda que tal regulamentação não autorize a conservação do conteúdo de uma comunicação e, por conseguinte, não seja suscetível de violar o conteúdo essencial dos referidos direitos (v., por analogia, no que se refere à Diretiva 2006/24, acórdão Digital Rights, n.º 39), a conservação dos dados de tráfego e dos dados de localização pode, todavia, ter um impacto na utilização dos meios de comunicação eletrónica e, consequentemente, no exercício, pelos utilizadores desses meios, da sua liberdade de expressão, garantida pelo artigo 11.º da Carta.

Atendendo à gravidade da ingerência nos direitos fundamentais em causa que constitui uma regulamentação nacional que prevê, para efeitos de luta contra a criminalidade, a conservação de dados de tráfego e de dados de localização, **só a luta contra a criminalidade grave pode justificar uma medida deste tipo**.

Além disso, embora a eficácia da luta contra a criminalidade grave, nomeadamente contra a criminalidade organizada e o terrorismo, possa depender em larga medida da utilização de técnicas modernas de investigação, um objetivo de interesse geral desse tipo, por muito fundamental que seja, não pode por si só justificar que uma regulamentação nacional que prevê a

conservação generalizada e indiferenciada de todos os dados de tráfego e dos dados de localização seja considerada necessária para efeitos da referida luta (v., por analogia, no que se refere à Diretiva 2006/24, acórdão Digital Rights, n.º 51).

A este respeito, importa salientar, por um lado, que uma regulamentação deste tipo tem por efeito, atendendo às características descritas no n.º 97 do presente acórdão, que a conservação dos dados de tráfego e dos dados de localização constitui a regra, ao passo que o sistema implementado pela Diretiva 2002/58 exige que essa conservação dos dados seja a exceção.

Por outro lado, uma regulamentação nacional como a que está em causa no processo principal, que abrange de forma generalizada todos os assinantes e utilizadores registados e que visa todos os meios de comunicação eletrónica, bem como todos os dados de tráfego, não prevê nenhuma diferenciação, limitação ou exceção em função do objetivo prosseguido. **Essa regulamentação afeta globalmente todas as pessoas que utilizam serviços de comunicações eletrónicas, sem que essas pessoas se encontrem, mesmo indiretamente, numa situação suscetível de justificar um procedimento penal.** Por conseguinte, aplica-se inclusivamente a pessoas em relação às quais não haja indícios que levem a acreditar que o seu comportamento possa ter um nexo, ainda que indireto ou longínquo, com infrações penais graves. Além disso, **não prevê nenhuma exceção**, pelo que também é aplicável a pessoas cujas comunicações estão sujeitas ao segredo profissional, segundo as regras do direito nacional (v., por analogia, no que se refere à Diretiva 2006/24, acórdão Digital Rights, n.os 57 e 58).

Uma regulamentação deste tipo **não exige nenhuma relação entre os dados cuja conservação se encontra prevista e uma ameaça para a segurança pública**. Nomeadamente, **não está limitada a uma conservação que tenha por objeto dados relativos a um período temporal e/ou uma zona geográfica e/ou a um círculo de pessoas que possam estar envolvidas de uma maneira ou de outra numa infração grave, nem a pessoas que, por outros motivos, mediante a conservação dos seus dados, podiam contribuir para a luta contra a criminalidade** (v., por analogia, no que se refere à Diretiva 2006/24, acórdão Digital Rights, n.º 59).

Por conseguinte, uma regulamentação nacional como a que está em causa no processo principal **excede os limites do estritamente necessário e não pode ser considerada justificada, numa sociedade democrática**, como exige o artigo 15.º, n.º 1, da Diretiva 2002/58, lido à luz dos artigos 7.º, 8.º e 11.º, bem como do artigo 52.º, n.º 1, da Carta.

Em contrapartida, o artigo 15.º, n.º 1, da Diretiva 2002/58, lido à luz dos artigos 7.º, 8.º e 11.º, bem como do artigo 52.º, n.º 1, da Carta, **não se opõe a que um Estado-Membro adote uma regulamentação que permita, a título preventivo, a conservação seletiva dos dados de tráfego e dos dados de localização, para efeitos de luta contra a criminalidade grave, desde que a conservação dos dados seja limitada ao estritamente necessário, no que se refere às categorias de dados a conservar, aos equipamentos de comunicação visados, às pessoas em causa e à duração de conservação fixada**.

Para cumprir os requisitos enunciados no número anterior do presente acórdão, esta **regulamentação nacional deve, em primeiro lugar, prever normas claras e precisas que regulem o âmbito e a aplicação dessa medida de conservação dos dados e que imponham exigências mínimas, de modo a que as pessoas cujos dados foram conservados disponham de garantias suficientes que permitam proteger eficazmente os seus dados pessoais contra os riscos de abuso**. Deve, em especial, indicar em que circunstâncias e em que condições se pode adotar uma medida de conservação dos dados, a título preventivo, garantindo assim que essa medida se limita ao estritamente necessário.

Em segundo lugar, relativamente às condições materiais que uma regulamentação nacional deve satisfazer que permitam, no âmbito da luta contra a criminalidade, a conservação, a título preventivo, dos dados de tráfego e dos dados de localização, para garantir que se limita ao estritamente necessário, há que salientar que, embora essas condições possam variar em função das medidas adotadas para efeitos da prevenção, da investigação, da deteção e da repressão da criminalidade grave, **a conservação dos dados deve sempre responder, em todo o caso, a critérios objetivos, que estabeleçam uma relação entre os dados a conservar e o objetivo prosseguido. Em especial, tais condições devem revelar-se, na prática, suscetíveis de limitar efetivamente o alcance da medida e, consequentemente, o público afetado**.

No que se refere à delimitação de uma medida deste tipo quanto ao público e às situações potencialmente abrangidas, a regulamentação nacional deve basear-se em **elementos objetivos que permitam visar um público cujos dados sejam suscetíveis de revelar uma relação, pelo**

menos indireta, com atos de criminalidade grave, de contribuir de uma maneira ou outra para a luta contra a **criminalidade grave** ou de prevenir um **risco grave para a segurança pública**. Tal delimitação pode ser assegurada através de um critério geográfico quando as autoridades nacionais competentes considerem, com base em elementos objetivos, que existe um risco elevado de preparação ou de execução desses atos, numa ou em mais zonas geográficas.

Com a segunda questão no processo C-203/15 e com a primeira questão no processo C-698/15, os órgãos jurisdicionais de reenvio perguntam, em substância, se o artigo 15.º, n.º 1, da Diretiva 2002/58, lido à luz dos artigos 7.º e 8.º, bem como do artigo 52.º, n.º 1, da Carta, deve ser interpretado no sentido de que se opõe a uma regulamentação nacional que regula a proteção e a segurança dos dados de tráfego e dos dados de localização, em especial o acesso das autoridades nacionais competentes aos dados conservados, sem limitar esse acesso apenas para efeitos de luta contra a criminalidade grave, **sem submeter o referido acesso a um controlo prévio por um órgão jurisdicional ou por uma autoridade administrativa independente, e sem exigir que os dados em causa sejam conservados no território da União.**

No que se refere aos objetivos suscetíveis de justificar uma regulamentação nacional que derrogue o princípio da confidencialidade das comunicações eletrónicas, há que recordar que, na medida em que, como se constatou nos n.os 90 e 102 do presente acórdão, a enumeração dos objetivos que figuram no artigo 15.º, n.º 1, primeiro período, da Diretiva 2002/58 reveste um caráter exaustivo, o acesso aos dados conservados deve responder efetiva e estritamente a um desses objetivos. Além disso, dado que o objetivo prosseguido por esta regulamentação deve estar relacionado com a gravidade da ingerência nos direitos fundamentais que esse acesso gera, daqui decorre que, em matéria de prevenção, de investigação, de deteção e de repressão de infrações penais, **só a luta contra a criminalidade grave pode justificar um acesso dessa natureza aos dados conservados**.

(...) uma vez que as medidas legislativas referidas no artigo 15.º, n.º 1, da Diretiva 2002/58 devem, em conformidade com o considerando 11 desta diretiva, «estar sujeitas [...] a salvaguardas adequadas», uma medida deste tipo deve, conforme resulta da jurisprudência referida no n.º 109 do presente acórdão, prever normas claras e precisas que indiquem em que circunstâncias e em que condições os prestadores de serviços de comunicações eletrónicas devem conceder às autoridades nacionais competentes acesso aos dados. Do mesmo modo, uma medida desta natureza deve também ser vinculativa em direito interno.

(...) uma vez que um acesso generalizado a todos os dados conservados, independentemente de uma qualquer relação, no mínimo indireta, com o objetivo prosseguido, não pode ser considerado limitado ao estritamente necessário, a regulamentação nacional em causa deve basear-se em critérios objetivos para definir as circunstâncias e as condições nas quais deve ser concedido às autoridades nacionais competentes o acesso aos dados dos assinantes ou dos utilizadores registados. A este respeito, só poderá, em princípio, ser concedido acesso, em relação com o objetivo da luta contra a criminalidade, aos dados de pessoas suspeitas de terem planeado, de estarem a cometer ou de terem cometido uma infração grave ou ainda de estarem envolvidas de uma maneira ou de outra numa infração deste tipo (v., por analogia, TEDH, 4 de dezembro de 2015, Zakharov c. Rússia). Todavia, em situações específicas, como aquelas em que os **interesses vitais da segurança nacional, da defesa ou da segurança pública estejam ameaçados por atividades terroristas, pode também ser concedido acesso aos dados de outras pessoas quando existam elementos objetivos que permitam considerar que esses dados podem, num caso concreto, trazer uma contribuição efetiva para a luta contra essas atividades**.

Para garantir, na prática, o pleno cumprimento destas condições, é essencial que o acesso das autoridades nacionais competentes aos dados conservados seja, em princípio, salvo em casos de urgência devidamente justificados, **sujeito a um controlo prévio efetuado por um órgão jurisdicional ou por uma entidade administrativa independente, e que a decisão desse órgão jurisdicional ou dessa entidade ocorra na sequência de um pedido fundamentado dessas autoridades apresentado, nomeadamente, no âmbito de processos de prevenção, de deteção ou de ação penal** (v., por analogia, no que se refere à Diretiva 2006/24, acórdão Digital Rights, n.º 62; v. também, por analogia, no que se refere ao artigo 8.º da CEDH, TEDH, 12.1.2016, Szabó e Vissy c. Hungria).

Do mesmo modo, importa que as autoridades nacionais competentes às quais foi concedido o acesso aos dados conservados informem desse facto as pessoas em causa, no âmbito dos processos nacionais aplicáveis, a partir do momento em que essa comunicação não seja suscetível comprometer as investigações levadas a cabo por essas autoridades. Com efeito, essa informação é, de facto, necessária para permitir que essas pessoas exerçam, nomeadamente, o direito de recurso, explicitamente previsto no artigo 15.º, n.º 2, da Diretiva 2002/58, lido em conjugação com o artigo 22.º da Diretiva 95/46, em caso de violação dos seus direitos (v., por analogia, acórdãos de 7.5. 2009, Rijkeboer, C-553/07).

Pelos fundamentos expostos, o Tribunal de Justiça da UE declarou:

5.0. O artigo 15.º, n.º1, da Diretiva 2002/58/CE do Parlamento Europeu e do Conselho, de 12 de julho de 2002, relativa ao tratamento de dados pessoais e à proteção da privacidade no setor das comunicações eletrónicas (Diretiva relativa à privacidade e às comunicações eletrónicas), conforme alterada pela Diretiva 2009/136/CE do PE e do Conselho, de 25 de novembro de 2009, lido à luz dos artigos 7.º, 8.º e 11.º, bem como do artigo 52.º, n.º 1, da Carta dos Direitos Fundamentais da União Europeia, deve ser interpretado no sentido de que se **opõe** a uma regulamentação nacional que prevê, para efeitos de **luta contra a criminalidade**, uma **conservação generalizada e indiferenciada** de todos os **dados de tráfego e dados de localização** de todos os assinantes e utilizadores registados em relação a todos os meios de comunicação eletrónica.

5.1. O artigo 15.º, n.º1, da Diretiva 2002/58, conforme alterada pela Diretiva 2009/136, lido à luz dos artigos 7.º, 8.º e 11.º bem como do artigo 52.º, n.º1, da Carta dos Direitos Fundamentais, deve ser interpretado no sentido de que se **opõe** a uma regulamentação nacional que regula a proteção e a segurança dos dados de tráfego e dos dados de localização, em especial, o acesso das autoridades nacionais competentes aos dados conservados, **sem limitar, no âmbito da luta contra a criminalidade, esse acesso apenas para efeitos de luta contra a criminalidade grave, sem submeter o referido acesso a um controlo prévio por parte de um órgão jurisdicional ou de uma autoridade administrativa independente, e sem exigir que os dados em causa sejam conservados em território da União**.

Percorrida esta jurisprudência, cumpre agora empreender idêntica tarefa em relação à jurisprudência do TEDH, retirando-se, a final, uma leitura crítica e conjugada do *caminho percorrido*.

2.3.2. Os parâmetros da segurança e da privacidade na jurisprudência do TEDH

Vejamos o sentido da jurisprudência do TEDH, a partir do cotejo de dois acórdãos: o acórdão *Association for European Integration and Human Rights and Ekimdzhiev c. Bulgária* e o acórdão *Big Brother Watch* e Outros c. Reino Unido.

No acórdão n.º 62540/00, de 28 Junho de 2007, os queixosos *Association for European Integration and Human Rights and Ekimdzhiev* intentaram uma ação contra a Bulgária por violação do direito à privacidade. No referido processo, impulsionado pela sobredita ONG (que se dedicava à proteção dos direitos humanos) e pelo cidadão búlgaro *Ekimdzhiev* (advogado), alegaram os queixosos que as medidas de vigilância secreta desenvolvidas pelo Estado violavam os artigos 8.º (direito ao respeito pela vida privada e familiar) e 13.º da CEDH (direito a um recurso efetivo).

O pedido questionava a *Special Surveillance Means Act* de 1997, que disciplinava os meios de vigilância autorizados, em particular, a circunstância de, segundo tal diploma, os requerentes poderem ser sujeitos a tais medidas sem que disso fossem notificados, durante ou após a cessação das mesmas e sem necessidade de prévia autorização judicial. Para fundar o seu pedido, invocavam várias normas da Constituição (o artigo 42.º estabelece que *"Citizens shall have the right to information from state bodies or agencies on any matter of legitimate interest to them, unless the information is a state secret or a secret protected by law, or affects the rights of others.)* de que, pela similitude com a redação da Constituição Portuguesa, ora se respinga:

Article 34

"1. The freedom and secret of correspondence and other communications shall be inviolable.

2. This rule may be subject to exceptions only with the permission of the judicial authorities when necessary for uncovering or preventing serious offences."

O referido diploma estabelece os meios especiais de vigilância que podem ser implementados para efeitos de registo fotográfico, áudio e vídeo de objetos e pessoas, no âmbito da prevenção e combate à criminalidade grave (punida com pena superior a 5 anos) e bem assim em matérias relacionadas com a segurança nacional. Segundo a referida legislação, tais medidas apenas podiam ser requeridas pela agência de polícia e de segurança, sob a tutela do Ministro dos Assuntos internos, pela polícia militar, pelos serviços de informações militares e pelos serviços de informações. O pedido devia ser apresentado, por escrito e de forma fundada e detalhada, ao Presidente do Tribunal de Sófia e, uma vez autorizado, era comunicado, por escrito, ao Ministro que tutela aquelas instituições. Contudo, a legislação consagrava uma relevante exceção: nos casos em que estivesse em causa uma eminente ameaça à segurança nacional tais medidas podiam ser implementadas pelo Governo, sem necessidade de prévia autorização judicial que, contudo, era despoletada ulteriormente para validação dos meios obtidos com as medidas de vigilância decretadas.

O TEDH debruçou-se, então, a apreciar se o quadro normativo impugnado respeitava a Convenção. Para o efeito, recordou os vários corolários que, na jurisprudência proferida, tem considerado decorrentes da previsão do número 2, do artigo 8.º da CEDH, no segmento que circunscreve a excecionalidade da ingerência na reserva da vida privada aos casos "previstos na lei".

Neste conspecto, o Tribunal considerou que as medidas de segurança implementadas, em matéria de preservação da segurança nacional, têm necessariamente que identificar e precisar os indivíduos ou lugares sujeitos a tais medidas e bem assim a duração previsível das mesmas. O TEDH reiterou a necessidade de controlo judicial prévio à implementação de tais medidas, aceitando, contudo, que em casos excecionais e de particular urgência, se possa prescindir do mesmo.

Porém, o TEDH salientou que o controlo, a empreender quanto à necessidade e proporcionalidade de tais medidas, não se pode cingir ao momento em que são decretadas, devendo perpetuar-se durante a sua execução ou revalidação. Neste particular, o aresto criticou a legislação búlgara por não prever a ulterior fiscalização da atuação dos serviços de informações na implementação destas medidas, através de uma entidade externa, que conferisse garantias de independência e observância dos parâmetros do Estado de Direito.

Além disso, o Tribunal censurou o quadro jurídico vigente por não prever, com exatidão, as particulares circunstâncias que autorizam o Ministro da Administração Interna a remeter a informação recolhida a outras entidades e bem assim a circunstância de não estar legalmente prevista qualquer comunicação ao indivíduo de que, a dado momento, esteve sujeito a tais medidas de vigilância. Sem prejuízo, quanto a este particular aspeto, o TEDH reforçou que, a circunstância de tais medidas não serem, uma vez cessadas, comunicadas ao *alvo* não consente a imediata conclusão de que foram ilegítimas à luz do número 2, do artigo 8.º da CEDH; simplesmente, enfatiza, a Lei deve prever que, nos casos em que as razões que conduziram à sua implementação já não se verificam – e, portanto a sua revelação não é prejudicial –, deve ser dado conhecimento ao cidadão visado de que esteve sujeito a tais medidas (conforme jurisprudência já firmada nos casos *Klass and Others*, *Leander*, e *Weber and Saravia*).

Por isso, o Tribunal censurou a jurisprudência do Supremo Tribunal da Bulgária que considerara tais medidas como matéria confidencial, cuja revelação se encontrava absolutamente interdita, revelação que, segundo a interpretação do Supremo Tribunal búlgaro, apenas ocorreria em caso de *fuga* da informação ou caso tal informação fosse ulteriormente junta a um processo de investigação criminal.

Além disso, a decisão perscrutou ainda, em concreto, a existência de consequências na esfera jurídica dos cidadãos face às sobreditas lacunas divisadas na legislação. E, nesse empreendimento, apurou que, de acordo com a informação que fora possível obter, foram praticados diversos abusos: entre 1 de Janeiro de 1999 e 1 de Janeiro de 2011, foram emitidas 10 mil autorizações de implementação de medidas de vigilância, para uma população que não ultrapassava os 8 mil habitantes e não se incluindo nesse número as interceções telefónicas. Deste total, apenas 267 ou 269 foram ulteriormente transferidas e deram origem a um processo criminal.

Por conseguinte, o Tribunal considerou que a legislação não continha garantias efetivas para obstar a um uso abusivo das medidas de vigilância e, nessa medida, concluiu que consagrava uma ingerência não consentânea com o número 2, do artigo 8.º da Convenção. Mais determinou que, ao não prever a ulterior notificação dos visados que estiveram sujeitos a medidas de vigilância e com isso retirando-lhes meios de sindicância da sua conformidade legal, a legislação postergava o artigo 13.º da Convenção, que estabelece que *qualquer pessoa cujos direitos e liberdades reconhecidos na presente Convenção tiverem sido violados tem direito a recurso perante uma instância nacional, mesmo quando a violação tiver sido cometida por pessoas que atuem no exercício das suas funções oficiais*[26].

Mais recentemente, num acórdão que juntou uma série de queixas de diferentes intervenientes, o TEDH foi chamado a pronunciar-se sobre a conformidade, com a Convenção, das denominadas *bulk interception*[27] *(interceção em massa)*, a admissibilidade da partilha de informações entre Estados e, por fim, a obtenção de *metadados* a partir das comunicações guardadas nas operadoras de comunicação, tal como previstas na legislação do Reino Unido RIPA – Recolha e divulgação dos dados relativos a comunicações. Apensando, num único processo, as queixas de uma ONG dedicada à proteção dos direitos fundamentais, de uma jornalista e de uma agência de notícias, o TEDH aquilatou, então, da conformidade com a Convenção de ações de vigilância em larga escala, realizadas no Reino Unido, num acórdão de 13.09.2018, denominado *Big Brother Watch e Outros c. Reino Unido*.

Uma das queixas subjacentes iniciou-se com uma denúncia, perante o órgão jurisdicional com competência para a fiscalização e controlo da sobredita legislação (IPT – tribunal especializado e com jurisdição exclusiva para a sindicância de ingerências realizadas a coberto do RIPA), estribada na violação dos artigos 8.º (direito ao respeito pela vida privada e familiar), 10.º (liberdade de expressão) e 14.º (proibição

[26] Esta jurisprudência foi, novamente, reiterada no Acórdão proferido nos autos que opuseram HADZHIEV v. BULGARIA (Application nº. 22373/04), disponível no site do TEDH.

[27]

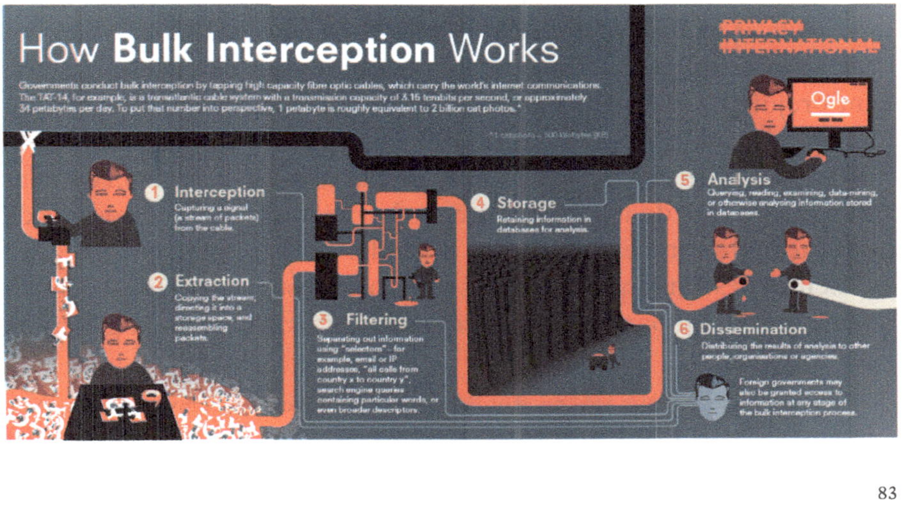

de discriminação) da CEDH. Alegaram os queixosos que, por força das suas atividades profissionais, como jornalistas e ONG's dedicadas à defesa de direitos humanos, receavam estar sob a vigilância das autoridades, designadamente através de interceções telefónicas e acesso ao e-mail, ainda que sobre eles não existisse qualquer suspeita de atuação criminosa. No caso dos jornalistas, estes enfatizavam ainda que, a suspeição da existência de uma tal vigilância, punha em causa a sua liberdade de movimentos e de expressão, coartando, com particular aptidão, as suas atividades de pesquisa, investigação e denúncia a que se dedicavam, no exercício do papel, próprio de um Estado de Direito Democrático, de controlo e vigilância da atuação do Governo em matéria de respeito pelos direitos humanos.

Na jurisprudência que vinha desenvolvendo, atinente aos parâmetros que devem nortear as medidas secretas de vigilância, incluindo a interceção de comunicações, o TEDH estabeleceu seis requisitos[28], que devem estar reunidos para se considerar que o uso de tais medidas não é abusivo e respeita a Convenção: a delimitação da natureza das ofensas que podem dar origem a uma ordem de interceção; a definição das categorias de pessoas cujas comunicações são suscetíveis de intercetação; o limite do período temporal de interceção; o procedimento a ser seguido para examinar, usar e armazenar os dados obtidos; as precauções a serem tomadas na transmissão de dados a outras entidades; e as circunstâncias em que os dados intercetados podem e devem ser eliminados.

E, no acórdão *Roman Zakharov c. Rússia*, o Tribunal confirmou que estes *seis requisitos mínimos* são transponíveis para os casos em que o uso daquelas medidas é efetuado por motivos de *segurança nacional*, por contraponto às situações em que está em causa a criminalidade violenta. Sem prejuízo, o TEDH salientou que, ao determinar se a legislação impugnada viola o artigo 8.º da CEDH, importa também ter em conta as disposições previstas na legislação nacional destinadas a supervisionar a implementação de medidas secretas de vigilância, os mecanismos de notificação e os procedimentos de controlo.

Cientes desta jurisprudência, os queixosos instaram o TEDH a introduzir, nos sobreditos parâmetros, *novos* requisitos, a saber: a exigência de

[28] Firmados, pela primeira vez, no acórdão do processo Weber e Saravia V. Alemanha, disponível no site do TEDH.

verificação de indícios objetivos demonstrativos de uma *suspeita razoável* em relação às pessoas cujos dados eram acedidos, levada a cabo por um órgão jurisdicional; e a obrigatoriedade de, uma vez cessadas, comunicar aos cidadãos que tinham estado sujeitos a medidas de vigilância.

Contudo, o Tribunal apenas parcialmente atendeu à sua pretensão. Com efeito, no aresto, considerou-se que o nível de ameaça decorrente quer do terrorismo, quer da criminalidade grave, conferem à interceção massiva de comunicações móveis uma particular aptidão para prevenir e enfrentar esses fenómenos. O TEDH salientou que a interceção em massa é, por definição, não direcionada, pelo que, fazer depender a sua autorização de uma *suspeita razoável* retirar-lhe-ia eficácia.

De igual sorte, no contexto de implementação de medidas de vigilância em massa, o pretendido requisito de *notificação subsequente* não é exequível, salienta o TEDH.

Quanto ao pretendido controlo judicial, e embora considere que isso corresponde à *melhor prática*, o TEDH aceita que tal controlo possa estar cometido a uma entidade administrativa, conquanto seja independente face à entidade que desencadeia as sobreditas medidas de vigilância.

Reiterando os critérios que devem nortear a análise, o TEDH concluiu que as normas legais do RU eram suficientemente claras e conferiam aos cidadãos uma indicação adequada das circunstâncias e das condições em que tais medidas de vigilância eram autorizadas. *Ex abundantis*, o TEDH arredou a verificação de qualquer indício de atuação abusiva por parte da entidade emitente das ordens de interceção (*Secretary of state*), salientando que o processo de autorização estava sujeito a supervisão empreendida por um órgão jurisdicional, com ampla jurisdição para examinar qualquer reclamação de intercetação ilegal. O Tribunal concluiu também que as disposições relativas à duração e renovação dos mandados de interceção, as disposições relativas ao armazenamento, acesso, análise e utilização dos dados intercetados, as disposições relativas ao procedimento a seguir para a transmissão de dados e as disposições relativas à destruição do material de interceção eram claras e continham garantias suficientes e adequadas contra potenciais utilizações abusivas.

No que respeita ao procedimento de seleção para exame, o aresto constatou que, uma vez intercetadas e filtradas as comunicações, as que não foram descartadas, quase em tempo real, foram pesquisadas. Numa primeira fase, foram-no através de uma aplicação informática acionada por via de simples *itens* selecionadores (como endereços de e-mail ou números de telefone) e subsequentemente pelo uso de pesquisas complexas. Ora, neste segmento, a decisão do Tribunal, na ponderação dos interesses conflituantes em presença, considerou que os sobreditos critérios de busca não precisavam de ser tornados públicos e nem sequer precisavam de ser discriminados na ordem que determinara a interceção.

Sem prejuízo, o TEDH salientou que a definição de tais critérios deve estar sujeita a supervisão por uma entidade de controlo externa à entidade emitente da ordem, o que não divisou prescrito na Lei. A este respeito, o aresto enfatizou que, em rigor, a única supervisão independente do processo de seleção de dados era a levada a cabo pela auditoria *pos factum*, do Comissário de Intercetação de Comunicações e, em caso de queixa, pelo IPT. Por isso, estabeleceu que, no regime de intercetação massiva, em que o poder para intercetar não é significativamente circunscrito pelos termos estabelecidos na ordem de interceção, **as garantias aplicáveis na fase de filtragem e seleção para exame** têm, necessariamente, de ser mais robustas.

Neste enquadramento, o Tribunal divisou, no enquadramento legislativo do RU, duas áreas de preocupação: primeiro, **a falta de supervisão** de todo o processo de seleção, incluindo a seleção de suporte para intercetação, os seletores e critérios de busca para filtrar comunicações intercetadas e a seleção de material para exame levada a cabo por um analista; e, em segundo lugar, **a ausência de quaisquer salvaguardas reais aplicáveis à seleção dos dados** de comunicação relacionados para análise. Perante estas insuficiências, o Tribunal concluiu que a disciplina legal não preenchia o requisito de "qualidade da lei" e não era suficiente para garantir e conter a "interferência" no que era "necessário numa sociedade democrática". O TEDH assinalou que o sobredito regime de interceção não continha, nos parâmetros utilizados para pesquisa de dados suscetíveis de indiciarem a existência de uma ameaça para a segurança pública, **garantias de exclusão dessa mesma pesquisa de material jornalístico confidencial, como seja, a proteção da identidade das fontes**.

Donde, ainda que não de forma unânime, concluiu pela violação dos artigos 8.º e 10.ºda CEDH.

No que concerne ao regime de partilha de dados entre Estados, o Tribunal salientou que não estava em causa apurar da conformidade da ingerência nas comunicações quanto à obtenção desses dados, mas antes o recebimento, armazenamento, exame e uso dos dados de comunicações pelo Reino Unido face a dados de comunicações obtidos por outro Estado. A este propósito, o aresto afirmou que as circunstâncias em que o material de intercetação pode ser solicitado aos serviços de informação estrangeiros devem encontrar-se concretamente estabelecidas no direito interno para evitar abusos de poder. Enfatizou, por isso que, embora as circunstâncias em que tal solicitação pode ser feita possam não ser idênticas às circunstâncias em que o outro Estado pode realizar a própria intercetação, aquelas estar claramente estabelecidas na lei, para impedir os Estados de, por esta via, contornarem o direito interno ou as obrigações da Convenção.

Apreciando o mérito, o Tribunal constatou que o pedido de dados de agências de informação estrangeiras tinha base legal e que essa lei era suficientemente clara e tinha um escopo legítimo. Além disso, o Tribunal considerou que a legislação interna determinava, com suficiente clareza, o procedimento para solicitar a intercetação ou o envio de material de intercetação por parte de agências de informação estrangeiras. O Tribunal destacou que não ficou demonstrada a existência de quaisquer falhas significativas na aplicação e operação do regime. Por isso, neste segmento, o acórdão não divisou qualquer violação da Convenção.

Finalmente, o TEDH aquilatou ainda da conformidade da legislação do RU, no trecho que permitia o acesso a dados de comunicação para efeitos de combate à criminalidade, por contraponto a *criminalidade grave*. Neste particular, reiterando que o acesso deve estar sujeito a prévia autorização de um tribunal ou órgão administrativo independente, determinou que o acesso a dados de comunicação deve ser circunscrito à denominada *criminalidade grave*, sendo excessiva a sua utilização quando esteja em causa "apenas" criminalidade que não alcança o epíteto de *grave*. Concluiu, por isso, o TEDH que se verificava, também aqui, uma violação do artigo 8.º da CEDH.

Vistos separadamente, importa, de seguida, conjugar e concatenar as principais *diretrizes* resultantes desta jurisprudência.

§ Síntese e análise crítica da Jurisprudência do TJUE e TEDH

Calcorreado, com mais ou menos detalhe, em função do interesse para o objeto deste trabalho, o trilho da jurisprudência do TJUE e do TEDH, importa retirar alguns subsídios, suscetíveis se de projetarem quer na conformação da disciplina legal atinente aos meios a disponibilizar aos serviços de informações, quer na incidência que tais subsídios podem ter na interpretação da Constituição da República Portuguesa.

Uma primeira observação: cotejados aqueles arestos neles não se divisa a convocação, para julgar a causa, do parâmetro legal que atribui aos cidadãos o direito à segurança e que se encontra legalmente consagrado quer na CEDH, quer na CDFUE.

No caso do TJUE, o fundamento para tal *omissão* pode radicar na circunstância de, como se demonstrou, a matéria da segurança estar excluída das competências da União, mantendo-se a cargo, exclusivamente, dos Estados-membro. Porém, no caso da jurisprudência proferida pelo TEDH esse argumento não tem acolhimento.

A questão é que, perscrutados os sobreditos acórdãos, neles se divisa, invariavelmente e de forma implícita, que o Tribunal empreendeu uma tarefa hermenêutica de ponderação e concordância prática, entre os valores da segurança (que justificam as medidas desenvolvidas pelo Estado) e os direitos fundamentais dos cidadãos atingidos por tais medidas. Dito de outro modo, mesmo que sem o afirmar de forma expressa, o Tribunal estriba a sua fundamentação a partir da teleologia do *direito à segurança* (em particular, na vertente de prevenção e combate ao terrorismo, mas não só), aquilatando, a partir daqui, a forma como os Estados, na prossecução da incumbência de garante dessa tarefa, podem atuar, de modo a que a sua conduta seja tida por necessária, adequada e justificada e, por conseguinte, conforme à Convenção e à Carta.

Em segundo lugar, afigura-se que, em matéria de combate ao terrorismo e à criminalidade grave, os arestos revelam a preocupação e seriedade com que ambos os Tribunais encaram aquela realidade, assim justificando a adoção de medidas que não deixam de reputar como significativamente intromissivas na reserva da vida privada e no direito à não ingerência nas comunicações.

Na verdade, no impressivo aresto, que opôs *ZZ* vs. *Secretary of the state of home department*, o TJUE aceitou a existência, num processo judicial, de provas *secretas*, que em momento algum serão do conhecimento do visado com uma medida de interdição no território, contentando-se o aresto com a garantia de que o conhecimento e escrutínio de tais provas seja levado a cabo por um órgão jurisdicional. Reconhece-se que esta realidade nos causa apreensão. Sem prejuízo da compreensão da gravidade do fenómeno do terrorismo, afigura-se que tal realidade não pode consentir tamanha compressão no direito a uma defesa efetiva. A circunstância de as provas serem *secretas* e apenas conhecidas do Tribunal, mas não do visado, não pode deixar de inculcar razoáveis dúvidas sobre a legalidade do procedimento de recolha dessa prova que, ainda que secreta, se reflete, de forma decisiva, no cidadão que se vê impedido de entrar no território e reunir-se com a sua família. Por outro lado, a circunstância de o visado estar privado de, com a devida imediação, contraditar, junto do órgão jurisdicional competente, a *bondade* dessas *provas secretas* também nos causa perplexidade.

No que concerne aos meios de atuação, que a sobredita jurisprudência aceita possam estar cometidos aos serviços de informações, resulta, inequívoco, que em matéria de combate ao terrorismo e criminalidade violenta, a *malha não é apertada*. Na verdade, para aqueles efeitos, a jurisprudência aceita o recurso a interceções telefónicas, a *metadados*, a dados de localização, a vigilâncias em massa, com uso de algoritmos para selecionar as comunicações relevantes, aceitando, inclusive, que os parâmetros desse algoritmo, não sejam tornados públicos, nem constem da ordem que ordenou a pesquisa.

De igual sorte, a jurisprudência não divisa invalidades na circunstância de, generalizadamente, as ordens de interceções, de dados de tráfego ou de conteúdo, serem emanadas de membros do Poder executivo, bastando-se, com o controlo da sua atuação *a posteriori*, controlo esse que pode ser feito por uma entidade judicial, mas que não carece necessariamente de o ser, exigindo, apenas, a jurisprudência que a entidade administrativa, encarregue dessa fiscalização, seja independente da entidade que ordena as interceções.

Na verdade, é no plano da fiscalização e supervisão e não tanto no plano prévio da conformidade do recurso a estes instrumentos, que a jurisprudência vem divisando a violação dos parâmetros consignados na Convenção e na Carta. Esta asserção é bem evidente no acórdão *Big Brother:* o Tribunal validou o recurso a interceções em massa, assinalou a sua eficácia no combate ao terrorismo e condicionou a prolação de um juízo positivo de conformidade com a Convenção essencialmente à circunstância de a Lei prever, de forma clara, explícita e objetiva, a necessidade e os critérios a empreender para despoletar tais medidas.

Por último, salienta-se que a jurisprudência cotejada enfatiza a necessidade de a Lei prever medidas ulteriores de fiscalização e controlo por parte dos cidadãos visados. Para tanto, determina que deve ser assegurada na Lei a obrigação de uma vez cessadas tais medidas, ser disso dado conhecimento aos cidadãos visados, subsídios que o ordenamento português devia acolher.

Uma nota final para assinalar que a discussão empreendida naqueles arestos contrasta, significativamente, com o panorama português, em que a maior polémica se cinge a saber se os serviços de informações portugueses podem aceder a *metadados*. Porventura, arrisca-se a considerar que, neste *jardim à beira plantado*, a controvérsia pode circunscrever-se a um panorama tão *modesto* em matéria de ingerência nos direitos fundamentais, apenas porque o fenómeno do terrorismo não se fez, ainda, sentir de forma *mediática* em território português.

3.
A questão da conformidade constitucional do acesso aos metadados por parte dos serviços de informações

3.1. A segurança enquanto tarefa do Estado

3.1.1. O terrorismo e o *Estado cosmopolita*

A violência ao contrário do poder, da força ou da potência tem sempre necessidade de instrumentos
HANNAH ARENDT

O âmago desta empreitada enfileira-se num quadro mais abrangente que, necessariamente, nos convoca para a densificação da tensão dialética que se estabelece entre o desiderato do Estado de assegurar a segurança e a ingerência, que a prossecução desse desiderato acarreta, nos direitos fundamentais. Com efeito, a prerrogativa de acesso aos *metadados*, por parte dos serviços de informações, funda-se, essencialmente, na necessidade de prevenir e combater o terrorismo.

Por conseguinte, importa, por um lado, abordar, de forma sucinta, o fenómeno do terrorismo (e algumas das soluções preconizadas para o enfrentar) e, por outro lado, aquilatar a forma como o Estado, quer na Constituição, quer no plano europeu, quer ainda no plano infraconstitucional, se acha comprometido com o sobredito desiderato. Para tanto, torna-se necessário descortinar, por um lado, as tarefas que, neste âmbito, a Constituição confere ao Estado e, por outro lado, a Convenção do Conselho da Europa para a prevenção do terrorismo e a estratégia nacional de combate ao terrorismo.

Vejamos, então.

Ensina-nos Martin Carnoy[29] que *o novo poder do terrorismo global proveio das mesmas fontes que deram ao capitalismo global a sua nova forma: a revolução da informação das telecomunicações e da internet. A capacidade de criar redes por parte das novas tecnologias é tão essencial quando se trata de semear o terror no capitalismo como quando se trata de o alargar e transformar. A mudança significou passar de operações encobertas, centradas no enfraquecimento das redes terroristas, a uma guerra aberta de alta tecnologia.*

Mesmo que diluído na nossa memória, em parte devido à sua componente de espetacularidade que ofusca o demais, a verdade é que apenas recentemente o terrorismo emergiu como ameaça global e, por isso mesmo, encarada como prioritária pelos Estados. Na verdade, como eloquentemente nos recordam as palavras de Hannah Arendt[30], na década de 60, do século XX, o expoente da violência reconduzia-se ao armamento nuclear e à tensão relacional entre *superpotências* (que, de alguma maneira, ressurge na sequência da nova liderança dos E.U.A.):

A partida de xadrez "apocalítica" entre as superpotências, isto é, entre as que se movem no plano superior da nossa civilização, é jogada segundo a regra: "se algum dos dois ganha, é o fim de ambos" – trata-se de um jogo que não conserva qualquer semelhança com os jogos de guerra que o precederam. O seu objetivo racional é a dissuasão, não a vitória e a corrida aos armamentos, que já não é uma preparação para a guerra, só pode ser justificada pelo argumento de que a melhor garantia de paz é cada vez mais a dissuasão.

A caracterização do terrorismo como ameaça global implica a compreensão da relação estreita de interdependência que estabelece com outras

[29] Martin Carnoy, *Os custos económicos da guerra contra o terrorismo, in* Guerra e Paz no Século XXI – uma perspetiva europeia, Coord. de Manuel Castells e Narcis Serra, Ed. Fim de Século, pág. 117.

[30] Hannah Arendt, *Sobre a violência,* Ed. Relógio d'Água, pág. 14.

formas graves de criminalidade, como sejam o tráfico de estupefacientes. Isto mesmo assinala Aboubakr Jamai[31] relembrando, por um lado, a interligação entre os atentados de Casablanca de Maio de 2003 e os atentados de Madrid (de Março de 2004) e, por outro lado, a veiculação por parte da polícia espanhola de que os explosivos usados em Madrid tinham sido adquiridos em troca de droga.

Naturalmente que a prevenção e o combate ao terrorismo dependem, antes de mais, da compreensão do fenómeno, pois que só um *diagnóstico acertado* assegura a utilização da posologia adequada à *patologia*.

Segundo a resolução n.º 49/60 (de 1995) da Assembleia Geral das Nações Unidas, o terrorismo é definido como o *conjunto de atos criminosos que visam ou se destinam a provocar um estado de terror no público em geral, num grupo de pessoas ou em indivíduos para fins políticos* e que *são injustificáveis em qualquer circunstância, independentemente das considerações de ordem política, filosófica, ideológica, racial, étnica, religiosa ou de qualquer outra natureza que possam ser invocadas para justificá-los.*

Volvida cerca de uma década, em Setembro de 2006, a ONU aprovou uma Estratégia Antiterrorista Mundial, assente em quatro pilares, que retrocedem às condições que propiciam a propagação do terrorismo, a sua prevenção e combate, o desenvolvimento da capacidade dos estados e da ONU para o efeito de assegurar o respeito pelos direitos humanos e o estado de direito como fundamento da luta contra o terrorismo. Mais recentemente, em 2018, no dia 21 de Agosto, corporizando a relevância do fenómeno, a sua perpetuação e o reconhecimento de que, embora se tratando de uma atuação difusa, implica vítimas concretas, foi implementado o primeiro Dia Internacional em Memória e Tributo às Vítimas do Terrorismo.

Por seu turno, Ulrich Beck[32] descortina, no que apelida de *ameaça terrorista*, quatro características específicas: *a (má) intenção substitui a acidentalidade, a desconfiança ativa substitui a confiança ativa, o contexto de risco individual passa a ser um contexto de risco sistémico, o que anteriormente era definido pelos especialistas passa agora a ser definido pelos Estados e pelos serviços*

[31] Aboubakr Jamai, *The moroccan case, in* "Terrorism and internacional relations", Daniel S. Hamilton Editor, publicação da Fundação Calouste Gulbenkian.

[32] Ulrick Beck, *As instituições de governança global na sociedade mundial, in* "Guerra e Paz no século XXI – uma perspetiva europeia", Ed. Fim de Século, pág. 52.

de inteligência, e a pluralidade de racionalização dos especialistas converteu-se na simplificação das imagens do inimigo.

Então, assinalando os corolários da *sociedade global de risco*, o Autor reclama dos atentados de 11 de setembros, a seguinte lição: *a segurança nacional já não é nacional. As alianças não são um fenómeno novo, mas, neste caso, esta aliança tem como objetivo proteger a segurança nacional, a de cada país, e não a estabilidade internacional. Todos os sinais de identidade que caracterizam a imagem genérica do estado moderno, as fronteiras que separam o interior e o exterior, a polícia do exército, o crime da guerra e da paz, são derrubadas. Eram precisamente essas diferenças que definiam o estado-nação. Sem elas, o estado--nação é um conceito zombi. Parece ainda estar vivo, mas já não o está.*

Neste conspecto, ressaltando a incapacidade do Estado-Nação de *cumprir a promessa constitucional de proteger os seus cidadãos*, advoga que a cooperação é a única solução:

> *Isto leva-nos à conclusão paradoxal de que, para defender o seu interesse nacional os países deverão desnacionalizar-se e internacionalizar-se.*
>
> *Neste contexto, aparece, portanto, uma nova distinção entre soberania a autonomia. O estado-nação baseia-se na equivalência destes dois conceitos. Na sua perspetiva, a interdependência económica, a diversificação cultural e a cooperação militar, judicial e tecnológica conduzem a uma perda de autonomia e, portanto, a uma perda de soberania. Mas se a soberania se medisse em termos de peso político, quer dizer, pela capacidade que um país tem de se fazer ouvir na cena internacional e de melhorar a segurança e o bem-estar dos seus cidadãos, conseguindo que sejam tidas em conta as suas opiniões, a situação seria muito diferente. Neste segundo esquema, um aumento da interdependência e da cooperação, quer dizer, uma perda de autonomia, aumentaria a soberania. Deste modo, compartilhar a soberania não a reduz, mas, pelo contrário, eleva-a a uma potência superior. É isto o que significa a soberania cosmopolita na era da sociedade global do risco.*

Com efeito, é inegável que a cooperação internacional constitui uma das mais eficazes ferramentas de prevenção e combate ao terrorismo. Por isso, encerra-se este breve enquadramento relembrando que, na União Europeia, os serviços de informações da República Portuguesa constituem os únicos que apenas desde a Lei Orgânica n.º 4/2017, acedem a *metadados*, persistindo, quanto à conformidade constitucional desse acesso, uma aura de incerteza e insegurança gerada pelo pedido de fiscalização pendente. A questão, é, pois, será possível uma efetiva cooperação sem essa prerrogativa legal?

3.1.2. A segurança enquanto tarefa do Estado: veículos jurídicos

§ A convenção do Conselho da Europa para a prevenção contra a terrorismo. A diretiva da UE relativa à luta contra o terrorismo. A estratégia nacional contra a terrorismo

Cotejadas algumas linhas conceptuais sobre a falência do Estado-Nação e o fenómeno do terrorismo, cumpre agora mencionar, por um lado, a dosimetria de adstringência cometida, constitucionalmente, ao Estado em matéria de segurança e, por outro lado, referenciar três dos mais relevantes veículos jurídicos destinados à prossecução, pelo Estado, do desiderato da segurança.

Hodiernamente, no elenco de tarefas fundamentais do Estado, detalhado no artigo 9.º da Constituição, não se constata qualquer menção, expressa ou implícita, à segurança.

Porém, nem sempre assim foi. Como destaca Rui Pereira, a segurança *entrou pela porta grande na primeira constituição portuguesa: a Constituição Liberal de 1822*, resultante da Revolução de 1820, de forte pendor democrático e *herdeira da tradição das luzes*[33]. No seu ponto 1.º, imediatamente após a previsão dos direitos fundamentais dos cidadãos, estabelecia-se que *a constituição política da nação portuguesa deve manter a liberdade, a segurança e a propriedade de todo o cidadão*. Inovadoramente, o texto fundamental contemplava, até, um conceito de segurança: *a segurança consiste na proteção que o Governo deve dar a todos para poderem conservar os seus direitos pessoais*. Sucedeu-lhe, porém, a Carta Constitucional de 1826, marcada pelo retrocesso, em matéria de direitos fundamentais, espelhado na inscrição de tal categorização apenas no último artigo da aludida Carta. Por seu turno, a Constituição de 1838, ainda que tenha revertido o retrocesso introduzido pela Carta Constitucional, no que tange ao carácter de menoridade para que havia relegado os direitos fundamentais, é omissa em matéria de segurança.

[33] Rui Pereira, *A segurança na Constituição, in Estudos de Direito e Segurança*, volume II, pág. 409.

Não obstante a sobredita ausência, no elenco de tarefas a cargo do Estado consignado na Constituição de 76, sustenta o Professor Bacelar Gouveia que a *primeira fonte do direito da segurança a considerar é a Constituição da República Portuguesa*[34]. E acrescenta que *a relevância que a CRP confere à segurança aflora em múltiplos dos preceitos do seu texto*, de que constitui mero exemplo *as orientações estabelecidas no capítulo dos direitos fundamentais*, afirmando a segurança *como tarefa fundamental do Estado, ao serviço das pessoas individualmente consideradas, bem como ao serviço da comunidade política e dos seus bens e direitos comunitários*[35]. A este respeito, advoga o Insigne Professor que *pode até contruir-se um diagrama de três círculos nos quais se vislumbram intensidades diversas quanto à relevância da segurança no texto constitucional: o círculo mais próximo do centro geométrico é composto pelas alusões constitucionais tradicionais à segurança como proteção da pessoa ou da comunidade política contra as ameaças aos seus direitos ou valores fundamentais, de que são exemplos o direito à liberdade e à defesa dos cidadãos, ou a independência nacional e a integridade territorial, ou a preservação da ordem constitucional democrática*; o círculo intermédio, que abrange novos domínios da segurança com dimensão comunitária, de que constituem exemplo a segurança ambiental, económica ou de consumo, todos decorrentes do Estado-Social; o *círculo exterior é preenchido por outros âmbitos da segurança na perspetiva da sistematicidade do direito, de que é exemplo a prossecução de um imperativo de segurança jurídica na formação das suas fontes e na interpretação e aplicação das suas regras.*[36]

Sem prejuízo do que antecede, salienta este Autor que, sendo inequívoco que o legislador elevou o *direito à segurança* à categoria de direitos fundamentais, *o tratamento – qualitativo e quantitativo* – empregue pelo texto constitucional à segurança é *muito assimétrico, correndo o risco de implicitamente revelar-se deficiente quanto ao papel regulativo que lhe caberia.*

Ora, como se teve ocasião de assinalar – a propósito da problematização que supra se empreendeu em torno da natureza jurídica dos serviços de informações – é no artigo 272.º da Constituição, sob a epígrafe *polícia*, que divisamos a afetação da garantia de *segurança interna* dos cidadãos à polícia. Por seu turno, a parte final do número 2, do artigo 273.º,

[34] Jorge Bacelar Gouveia, *Direito da segurança – cidadania, soberania e cosmopolitismo*, pág. 183.

[35] Jorge Bacelar Gouveia, obra citada, pág. 184.

[36] Jorge Bacelar Gouveia, obra citada, pág. 186.

estabelece que a *defesa nacional tem por objetivo garantir a segurança das populações contra qualquer agressão ou ameaças externas.*

No plano da integração europeia, como é sabido, o Tratado de Nice introduziu a Política Europeia de Segurança e Defesa (PESD), seguindo-se o Tratado de Lisboa que, reorganizando o arquétipo, destacou, de forma significativa, a temática da segurança, através do tríptico: *política externa e de segurança comum* (artigo 3.º, número 5 do TUE, desenvolvida no título V do Tratado de Lisboa); *espaço de liberdade, segurança e justiça* (artigo 3.º, número 2 do TUE, explicitado no Título V do TFUE) e *proteção civil* (artigo 196.º do TFUE, domínio em que a EU assume uma competência complementar).

Neste âmbito, no que tange aos mais proeminentes veículos jurídicos destinados a assegurar o desígnio da segurança, destacam-se a Convenção do Conselho da Europa para a prevenção do terrorismo (aprovada pela Resolução da Assembleia da República n.º 101/2015 e ratificada pelo Decreto do Presidente da República n.º 74/2015, vigente em Portugal desde 1.12.2015, de ora em diante *Convenção*), a Diretiva 2017/541 do Parlamento Europeu e do Conselho, de 15 de março de 2017, relativa à luta contra o terrorismo e que substitui a Decisão-Quadro 2002/475/JAI do Conselho e altera a Decisão 2005/671/JAI do Conselho (transposta para a ordem interna através da Lei n.º 16/2019, de 14 de Fevereiro, introduzindo a 5.ª alteração à Lei n.º 52/2003, *Lei de combate ao terrorismo)* e a resolução do Conselho de Ministros n.º 7-A/2015, que aprovou a *estratégia nacional de combate ao terrorismo.*

Destaquemos, agora, os aspetos mais relevantes de cada um daqueles veículos jurídicos.

A referida *convenção* funda-se nas seguintes premissas: i) o reconhecimento da *importância da intensificação da cooperação*; ii) a necessidade de tomar medidas eficazes para prevenir o terrorismo e *para fazer face, em particular, ao incitamento público à prática de infrações terroristas, bem como ao recrutamento e ao treino para o terrorismo*; iii) o ênfase na *situação precária das pessoas confrontadas com o terrorismo e reafirmando, nesse contexto, a sua profunda solidariedade com as vítimas do terrorismo e com as suas famílias*; iv) a afirmação inequívoca de que as *infrações terroristas, bem como as infrações previstas na presente Convenção, independentemente dos seus autores, não são, em caso algum, justificáveis por razões de natureza política, filosófica, ideológica, racial, étnica, religiosa ou similar*; v) a necessidade de reforçar a luta contra o terrorismo e reafirmação de que *todas as medidas tomadas para a prevenção ou para a repressão de infrações terroristas devem respeitar o Estado de direito e os valores democráticos, os direitos humanos e as liberdades fundamentais.*

Donde, o desiderato prosseguido pela *Convenção* radica na intensificação dos esforços desenvolvidos pelas Partes *na prevenção do terrorismo e dos seus efeitos negativos no pleno gozo dos direitos humanos, em particular do direito à vida.* Para o efeito, em particular no que concerne à prevenção do terrorismo e respondendo ao imperativo de mitigar os seus efeitos negativos, as medidas de cooperação a encetar devem, no essencial, privilegiar a *troca de informações*, o *reforço da proteção física das pessoas e das infraestruturas* e o *aperfeiçoamento dos planos de formação e de coordenação em situações de crise.*

Nos artigos 5.º a 8.º, a *Convenção* explicita os conceitos de *incitamento público à prática de infrações terroristas, recrutamento e* treino para o terrorismo, esclarecendo, o artigo 8.º, a irrelevância do resultado para a recondução do ato praticado àquelas infrações. Contudo, a presente convenção não se aplica quando as sobreditas infrações *forem cometidas no território de um único Estado, o presumível autor for nacional desse Estado e se encontrar no seu território e se nenhum outro Estado tiver fundamento para, nos termos do disposto nos n.ºs 1 e 2 do artigo 14.º da presente Convenção, exercer a sua competência.*

No que tange à proteção, reparação e auxílio às vítimas do terrorismo, o artigo 13.º acarreta, para os Estados, a obrigação de adotar medidas para proteger e apoiar as vítimas do terrorismo, prevendo, designadamente, medidas de auxílio financeiro e bem assim a compensação das vítimas do terrorismo e dos membros do seu agregado familiar.

Por sua vez, a Diretiva n.º 2017/541, transposta, em 2019, para o ordenamento jurídico português, recorda que *os atos terroristas constituem uma das mais graves violações dos valores universais da dignidade humana, da liberdade, da igualdade e da solidariedade e do gozo dos direitos humanos e das liberdades fundamentais em que a União se funda. Esses atos representam também um dos atentados mais graves à democracia e ao Estado de Direito, princípios que são comuns aos Estados-Membros e nos quais assenta a União.* Acrescentando que, *a ameaça terrorista cresceu e evoluiu rapidamente nos últimos anos. Os chamados «combatentes terroristas estrangeiros» deslocam-se ao estrangeiro para fins de terrorismo. Quando regressam, estas pessoas representam uma ameaça grave para a segurança de todos os Estados-Membros. Combatentes terroristas estrangeiros têm sido associados aos recentes atentados perpetrados e planeados em vários Estados-Membros. Além disso, a União e os seus Estados-Membros enfrentam a ameaça crescente de indivíduos que permanecem na Europa e que são inspirados ou instruídos por grupos terroristas no estrangeiro.* Uma vez mais, enfatiza-se a natureza transfronteiriça do terrorismo e a prossecução de uma *resposta coordenada firme uma cooperação forte nos Estados-Membros e entre estes e as agências e os órgãos da competentes para a luta contra o terrorismo, incluindo a Eurojust e a Europol, e entre estes órgãos e agências, sendo que, para esse fim, há que utilizar eficazmente os instrumentos e os recursos de cooperação disponíveis, como as equipas conjuntas de investigação e as reuniões de coordenação assistidas pela Eurojust. Tendo em vista a preservação e obtenção de provas eletrónicas, são também necessárias uma resposta coordenada firme e uma cooperação forte.*

Neste conspecto, a Diretiva estabelece as *regras mínimas relativas à definição das infrações penais e das sanções em matéria de infrações terroristas, infrações relacionadas com um grupo terrorista e infrações relacionadas com atividades terroristas, bem como medidas de proteção, apoio e assistência às vítimas do terrorismo,* de que se destaca o artigo 3.º, com um elenco detalhado do que deve ser considerado infração terrorista. A diretiva acarretou, ainda, a criminalização inovadora do *financiamento do terrorismo, as condutas de receber e dar treino para fins de terrorismo, as deslocações para fins de terrorismo, incluindo a sua facilitação.*

Por último, cumpre destacar a resolução do Conselho de Ministros n.º 7-A/2015, que aprovou a *estratégia nacional de combate ao terrorismo.* A referida estratégia mostra-se erigida sobre o reconhecimento de que o *terrorismo constitui uma das mais sérias ameaças à subsistência do espaço europeu de liberdade, de segurança e de justiça e do estado de direito democrático,* enquanto *ameaça difusa, que encontra na europa um terreno fértil para eventuais manifestações extremistas, radicais e de agressões violentas.* Segundo o seu último considerando, a Estratégia *representa um compromisso de mobilização, coordenação e cooperação de todas as estruturas nacionais com responsabilidade direta e indireta no domínio do combate à ameaça terrorista.*

No que tange aos desideratos estratégicos prosseguidos, o compromisso visa *detetar, prevenir, proteger, perseguir e responder* à ameaça do terrorismo, *na estrita observância dos princípios da necessidade, da adequação, da proporcionalidade e da eficácia das liberdades cívicas, do Estado de Direito e de liberdade de escrutínio.*

Por outro lado, ressalta-se o reconhecimento da imperiosidade de *adotar um plano de ação de prevenção da radicalização e do recrutamento para o terrorismo*, a necessidade de *aumentar a eficácia dos mecanismos de cooperação transfronteiriça, desenvolver um registo central de identificação de infraestruturas críticas, em todos os setores de atividade económica e social, implementar um plano de ação nacional para a proteção contra as ciberameaças* e *intensificar a cooperação entre a Autoridade Tributária e Aduaneira e as forças e serviços de segurança, num contexto de entrada, circulação e saída de mercadorias, reforçar a colaboração e articulação entre os vários intervenientes e responsáveis nas áreas da cibsersegurança, ciberespionagem, ciberdefesa e ciberterrorismo.*

Em síntese, perscrutando aqueles veículos jurídicos, conclui-se que coexistem uma série de instrumentos, por regra de cariz internacional e que são ulteriormente acolhidos na ordem jurídica, destinados a operacionalizar e tornar eficaz o combate ao terrorismo. Esses diplomas encontram-se erigidos sobre o reconhecimento de que o terrorismo constitui uma das mais relevantes ameaças aos direitos fundamentais e ao Estado de Direito, em território europeu. É, pois, neste quadro amplo, multifacetado, transnacional, complexo e difuso, que deve ser enquadrado o acesso, por parte dos serviços de informações, aos *metadados*, enquanto instrumento, de particular relevância, para a prevenção e combate ao terrorismo.

3.2. Constitucionalismo e Direitos Fundamentais

3.2.1. Os direitos fundamentais em geral – conceptualização e evolução

Nos pontos 3.3. e 3.4. dedicar-nos-emos a perscrutar, individualizadamente, o conteúdo normativo dos artigos 27.º, número 1 e 34.º da Constituição. Para tanto, impõe-se, aprioristicamente, calcorreando um trilho *do geral para o particular*, empreender uma tarefa de cotejo – ainda que necessariamente perfunctória, atenta a economia deste espaço – da génese do constitucionalismo e dos direitos fundamentais. Afinal, o que é um direito fundamental?

A revolução francesa, do século XVIII, constituiu um momento fundante do constitucionalismo, na medida em que através do documento *Constituição* os povos *deixaram de passar como sombras diante da perpetuidade e omnipotência do Estado, instituindo-se, de forma que se pretendia tendencialmente perpétua, a separação de poderes e a garantia de um Estado respeitador de direitos fundamentais dos cidadãos.*[37] Dogmaticamente, o Constitucionalismo é-nos definido pelo Professor Gomes Canotilho como *a ideologia que ergue o princípio do governo limitado indispensável à garantia dos direitos em dimensão estruturante da organização político-social de uma comunidade*[38]. Trata-se de uma técnica específica de limitação do poder com fins garantísticos.

A génese da ideia de Constituição funda-se, por isso, na prossecução de dois desideratos distintos: ordenar e limitar o poder político, por um lado; e garantir os direitos e liberdades do indivíduo, por outro.

A Constituição emerge, assim, como o *depósito*, o texto que se destina a permitir a positivação de direitos considerados individuais, inerentes e inalienáveis do indivíduo, superando o estádios das *meras esperanças, aspirações, ideias ou impulsos* e elevando-os à categoria de direitos protegidos sob a forma de normas. Nas palavras de Cruz Villalon, *os direitos fundamentais são-no, enquanto tais, na medida em que encontrem reconhecimento nas constituições e deste reconhecimento derivem consequências jurídicas*[39].

Forjados neste particular caldo de cultura e postulando o reconhecimento da dignidade da pessoa humana e da sua defesa perante a ingerência dos poderes públicos, os primeiros direitos fundamentais positivamente consagrados respeitavam à vida, liberdade e propriedade. São, por isso, amiúde, denominados pela doutrina como direitos fundamentais de *primeira geração*, estribados na delimitação do espaço que, de um lado, impõe ao poder condutas passivas e, de outro lado, confere ao indivíduo um espaço livre de ingerência.

Ulteriormente, na sequência das teorias socialistas e enquanto corolário da luta das classes trabalhadoras – e inerente exigência de proteção dos direitos do *homem total* – despontam direitos fundamentais arrimados no reconhecimento de pretensões individuais, cuja satisfação compete ao Estado: direitos económicos, sociais ou culturais.

Na segunda metade do século XX, surgem os denominados direitos de *terceira geração*, conceptualizados a partir do seguinte tríptico: os

[37] Jorge Pereira da Silva, *Direitos Fundamentais – Teoria Geral*, Ed. UCP, 2018, pág. 28.

[38] Gomes Canotilho, *Direito Constitucional e Teoria da Constituição*, 7.ª Edição, pág. 51.

[39] Pedro Cruz Villalon, *Formación y Evolución, de los derechos fundamentales*, "Revista española de derecho constitucional", Ano 9, n.º 25, 1989, pág. 41.

direitos de liberdade, os direitos de igualdade (prestação) e os direitos de solidariedade. Subjacente a esta última categoria perpassa uma dimensão coletiva, que apela à colaboração entre Estados na proteção e garante dos direitos dos povos, aqui se incluindo os direitos ao património comum da humanidade, a um ambiente saudável e sustentável, à comunicação, à paz e ao desenvolvimento.

Feito este enquadramento, é pertinente equacionar: todas as prescrições inscritas nas Constituições constituem direitos fundamentais? A mera positivação de uma norma na Lei Fundamental confere ao indivíduo um direito fundamental, tornando-o uma realidade jurídica efetiva?

O Professor Bacelar Gouveia[40] explicita que os direitos fundamentais representam a atribuição *às pessoas de uma posição subjetiva de vantagem, positivadas na Constituição, exercidas por contraposição ao Estado-Poder*, robustecidos pelo seguinte tríplice: *um elemento subjetivo, que assegura às pessoas integradas no Estado-Sociedade, os titulares dos direitos que podem ser exercidos em contraponto ao estado-poder, destinatários de deveres de respeito daqueles direitos; um elemento objetivo*, consistente na *cobertura de um conjunto de vantagens inerentes aos objetos e conteúdos protegidos por cada direito fundamental;* e, por fim, *um elemento formal* expresso na *consagração dessas posições jurídicas de vantagem ao nível da Constituição.*

Por seu turno, o Professor J. Pereira da Silva ensina que *os direitos fundamentais são armadura jurídicas complexas que se estabelecem em torno da vida, da integridade física, da saúde, da possibilidade de expressar ideias ou opiniões sem constrangimentos externos*[41]. A partir desta formulação, o Autor prossegue, assinalando a necessidade de destrinçar entre o direito fundamental e um certo bem jurídico por aquele protegido. Para tanto, sustenta que bem jurídico é o *quid a que o direito, na sua constituenda coerência interna, concede valor positivo, em virtude do seu contributo para a autorrealização do homem enquanto individualidade social e, portanto, tutela através de normas de conduta – permissivas ou proibitivas – ou também eventualmente sancionatórias. Numa perspetiva constitucional nem todos os bens jurídicos se revelam tão claramente como a vida humana e, sobretudo, nem todos os direitos têm uma relação tão óbvia e direta com o respetivo bem jurídico protegido como aquela que ocorre no direito à*

[40] Jorge Bacelar Gouveia, *A afirmação dos direitos fundamentais no estado constitucional contemporâneo, in* AAVV Direitos Humanos, Coimbra, 2003, páginas 54 e 55.

[41] Jorge Pereira da Silva, *Direitos Fundamentais – Teoria Geral,* ob. citada, pág. 171.

vida. Desde logo, há direitos fundamentais que, em especial, quando considerados como um todo, tutelam diferentes bens jurídicos e, inversamente, bens jurídicos cuja proteção se encontra repartida por mais de um direito, se não mesmo disseminada por categorias mais ou menos amplas de direitos fundamentais. Por isso, propugna este autor que, sem prejuízo do substrato comum – radicado, com particular ênfase, na criação e proteção de espaços de realização pessoal e social do indivíduo – e do contributo imprescindível do conceito de bem jurídico para a caracterização da noção de direito fundamental, estes dois conceitos não se confundem, dado que, ter um direito significa ter a faculdade de fazer algo e ao mesmo tempo a pretensão de que terceiros não interfiram nesse espaço de ação; ao passo que ser titular de um bem jurídico significa ter um interesse não exclusivo na preservação de algo tido comummente como valioso.

Conclui, por isso, o Professor Pereira da Silva que é no caracter *multifacetado* dos direitos fundamentais que se acha a sua supremacia: os direitos fundamentais compreendem *além da tradicional dimensão (subjetiva/negativa) de defesa contra o poder público, outras dimensões – objetivas e subjetivas, positivistas e negativistas – que globalmente concorrem para a sua efetivação na realidade constitucional: vinculação intersubjetiva privada, dever estatal de proteção, direito a prestações, vertentes procedimentais e processuais, garantias institucionais, etc.*[42].

Procurando responder à questão acima formulada, salienta o Professor alemão Robert Alexy que *entre o conceito de norma fundamental e o conceito de direito fundamental há estreitas conexões. Sempre que alguém tem um direito fundamental, há uma norma que garante esse direito. Se a recíproca é verdadeira, isso já é duvidoso. Ela não é verdadeira quando há normas de direitos fundamentais que não outorgam direitos subjetivos*[43].

Desta perfunctória excursão e a pretexto da recente convocação dos ensinamentos do constitucionalista Robert Alexy, afigura-se pertinente desenvolver, de seguida, uma breve explanação respeitante à dinâmica tensional em que convivem o constitucionalismo e a separação de poderes, pois que, não só isso é relevante para uma compreensão alargada da génese e evolução do constitucionalismo, como, essa temática, projeta-se, com particular acuidade, no tema desta tese.

[42] Jorge Pereira da Silva, obra citada, pág. 185.

[43] Robert Alexy, *in Teoria dos Direitos Fundamentais,* Malheiros Ed. Ltda., pág.s 50 e 51.

3.2.2. A interpretação constitucional nos denominados casos difíceis: o pensamento de Robert Alexy e Ronald Dworkin

O problema objeto desta dissertação vem esbarrando, sucessivamente, num putativo entrave constitucional. Isto é, ainda que a problemática do acesso aos *metadados*, pelos serviços de informações, venha sendo objeto de amplo consenso parlamentar e até, mais recentemente, por parte do Presidente da República que promulgou a Lei Orgânica em vigor, a verdade é que tem soçobrado no Tribunal Constitucional.

Como é sabido, o Tribunal Constitucional decide em última instância e tem *a última palavra*, pelo que, esta problemática impele-nos, necessariamente, para o cotejo das reflexões que dois dos mais reputados pensadores da atualidade, em concreto Robert Alexy e Ronald Dworkin, vêm discorrendo a propósito da separação de poderes, do controlo da constitucionalidade e da aplicação dos direitos fundamentais nos denominados *casos difíceis*, aqueles decorrentes da ambiguidade e indeterminação da linguagem, da inexistência de acordos morais razoáveis (de que são exemplo, a eutanásia ou a descriminalização do consumo de drogas leves) e da tensão entre normas constitucionais ou de direitos fundamentais.

A temática dos direitos fundamentais encontra-se, como vimos supra, inexoravelmente interligada à conceção de Estado, parlamentarismo e vocação de *pesos e contra freios* cometida ao Tribunal Constitucional. Na verdade, com especial acuidade, nesta tríade dinâmica correlacional *joga-se* amiúde a tensão entre direitos fundamentais e democracia.

Precisamente, por isso, aventa Alexy, coexistem três perspetivas distintas atinentes à dinâmica relacional que se estabelece entre direitos fundamentais e democracia: *uma ingénua, uma idealista e uma realista. Segundo a visão ingénua não há conflito entre os direitos fundamentais e a democracia. Tanto os direitos fundamentais quanto a democracia são coisas boas. Como podem duas coisas boas colidir? A conceção ingénua quer com isso dizer que se pode ter os dois de forma ilimitada. Essa visão do mundo é bonita demais para ser verdadeira. Seu ponto de partida, que só pode haver conflito entre o bem e o mal, mas não dentro do bem, é falso. (...)*[44]

[44] Robert Alexy, *in Direitos Fundamentais no estado democrático constitucional – Teoria discursiva do direito*, Ed. GEN, págs. 125 e seguintes.

Por razões bem conhecidas existe, porém, em nosso mundo, caracterizado pela finitude e escassez, um conflito entre esses dois bens. A visão idealista admite isso. A sua reconciliação entre direitos fundamentais e democracia não acontece por isso nesse mundo, mas sim no ideal de uma sociedade bem ordenada. Nela, ao contrário, o povo e os seus representantes políticos não estão de modo algum interessados em violar os direitos fundamentais dos cidadãos através de decisões majoritárias, ou seja, através de leis. A manutenção dos direitos fundamentais é um motivo sempre efetivo para todos.

Mas pode-se perceber que esse ideal é inalcançável. Por isso, para aqueles que querem agir e não apenas sonhar, é correta apenas a visão realista. Segundo ela a relação entre direitos fundamentais e democracia é caracterizada por duas noções: direitos fundamentais são extremamente democráticos (porque asseguram a existência e o desenvolvimento das pessoas, são capazes de manter vivo o processo democrático e porque com a garantia das liberdades de opinião e de imprensa, de reunião, de associação e de voto, asseguram as condições de funcionamento do processo democrático) e direitos fundamentais são extremamente antidemocráticos (porque suspeitam do processo democrático, pois *através da vinculação também do legislador eles retiram competências decisórias da maioria parlamentarmente legitimada.*

O ponto de partida é constituído pela noção de que os direitos fundamentais são direitos tão importantes que a decisão sobre a sua concessão ou não-concessão não pode ser deixada à maioria parlamentar simples. Na Alemanha, os direitos fundamentais valem como direito positivo. Nosso tema é somente como se deve interpretá-los se a relação entre direitos fundamentais e democracia deve ficar equilibrada. Neste *iter*, o Autor questiona se os direitos fundamentais devem reconduzir-se à proteção daquilo que *todos os cidadãos* consideram tão importante que não pode ser confiado à maioria parlamentar simples. Porém, rapidamente, se depara com o *fato do pluralismo*, concebido por John Rawls, que nos impele a reconhecer que aquilo que os cidadãos reputam de relevante depende, em larga medida, dos seus ideais, da sua representação social, das suas convicções religiosas e da sua *visão do mundo*, redundando, por isso, na convivência de *certa conceção [que] se atrela a uma ética de resultados e detesta o estado social, outra estima sobretudo o prazer e o tempo livre e requer financiamento.* Donde, conclui o Autor, os direitos fundamentais não podem erigir-se sobre as *conceções morais* dos cidadãos, mas antes sobre *normas jurídicas válidas em geral*, decalcadas de uma *conceção moral pública, que expressa uma representação comum sobre condições justas de cooperação social num mundo que é caracterizado pelo "fato do pluralismo"*. Para isso, deve perguntar-se *o que cidadãos racionais, com diferentes conceções pessoais de bem, consideram condições importantes de cooperação social justa sobre as quais o legislador não pode decidir. Nesta pergunta encontra-se a chave para uma reconciliação entre o princípio da democracia e os direitos fundamentais. Um tribunal constitucional que procura respondê-la de forma séria não quer colocar a sua conceção contra a conceção do legislador; ele aspira antes a uma representação argumentativa dos cidadãos, que se opõe à representação política desses cidadãos no parlamento. Se a representação argumentativa obtém êxito, obtém êxito a reconciliação.*

Dedicado ao constitucionalismo e à jurisprudência desenvolvida pelo Tribunal Constitucional Alemão, Alexy diviou, no sistema alemão, quatro elementos essenciais característicos dos direitos fundamentais: *os direitos fundamentais regulam, em primeiro lugar, com o grau mais elevado, em segundo lugar, com a maior força executória, em terceiro lugar, os objetos de maior importância e, em quarto lugar, com a maior medida de abertura.*

Então, no que tange à estrutura da norma de direitos fundamentais, o Autor edificou uma dogmática precursora, ancorada na construção dos direitos fundamentais *como regras ou como princípios*[45], construção que *representa ideias opostas das quais depende a solução de quase todos os problemas da dogmática geral dos direitos fundamentais*. A dimensão inovadora desta abordagem reside na conhecida circunstância de, nos sistemas de direito de tradição romano-germânica, os princípios serem, até aqui, considerados apenas como fonte subsidiária do Direito, convocável apenas em caso de lacuna normativa.

Explicitada a dicotomia, Alexy advoga que *regras* são normas que determinam, proíbem ou permitem algo de forma definitiva. Isto é, o seu conteúdo normativo encerra um comando definitivo, cujo modo de aplicação é a subsunção, sendo que, se a regra é válida a sua aplicação compele-nos a *fazer exatamente aquilo que ela exige.*

Por seu turno, *princípios são normas que determinam que algo seja realizado na maior medida possível em relação às possibilidades fáticas e jurídicas. Princípios são comandos de otimização* que, por isso mesmo, podem ser cumpridos em diferentes graus. As possibilidades jurídicas acham-se condicionadas

[45] Robert Alexy, *Princípios formais e outros aspectos da Teoria Discursiva do Direito*, Ed. Gen., 2014 e Robert Alexy, *Teoria dos Direitos Fundamentais*, Ed. Malheiros Lda., 2014.

por regras e princípios de conteúdo normativo opostos, razão por que a *ponderação* se traduz na forma específica de aplicação de um princípio. Para o efeito, ensina o Autor, a trave-mestra a convocar, para aferir o grau de possibilidade jurídica exigida pelo cumprimento de um princípio, materializa-se naquilo que o constitucionalista denominou de *lei da ponderação,* por si teorizada com a seguinte enunciação:

> *Quanto maior o grau de descumprimento ou de interferência num princípio, maior deve ser a importância do cumprimento de outro princípio.*

A aplicação da lei da ponderação operacionaliza-se em três passos distintos: no primeiro, afere-se o grau de descumprimento ou de interferência num princípio; no passo seguinte, identifica-se a relevância do cumprimento do princípio antagónico; finalmente, individualiza-se a relevância do cumprimento do princípio oposto que justifica o descumprimento de outro princípio ou a medida da interferência. Para tal, é necessário emitir juízos racionais valorativos sobre, em primeiro lugar, a intensidade da interferência (através de uma escala gradativa que o Autor desdobra em *leve, média e grave*) e, em segundo lugar, o grau de importância da razão justificadora da interferência, sopesando uma e outra.

Para melhor compreensão, o Autor ilustrou assim – e já após as críticas que o seu pensamento desencadeou – a fórmula do peso *aperfeiçoada*:

$$G_{ij} = \frac{I\ G_i\ S_i}{I_j\ G_j\ S_j}$$

Explicita Alexy que I representa a intensidade da interferência no princípio Pi, ao passo que Ij representa a importância do cumprimento oposto, sendo que $G,_{i,j}$ traduz o peso concreto do princípio cuja validação é examinada, ou seja, Pi.

Em síntese, através do estabelecimento da premissa de que as normas de direito fundamental têm, amiúde, a natureza de princípio, podendo respeitar quer a direitos individuais quer a direito coletivos, Alexy desenvolveu um argumentário assente na destrinça qualitativa entre *regras e princípios*, enquanto normas de direitos fundamentais. Estribado nesta dicotomia, o Autor argumenta que a forma de aplicação dos princípios é a *ponderação*, assinalando que a afirmação da legitimação da jurisprudência constitucional deve operar-se através da demonstração da sua *capacidade de representação argumentativa.*

Não é difícil antecipar que esta doutrina recebeu diversas críticas, assentes, em larga medida, no argumento de que a metodologia gizada padecia de *subjetivismo e relativismo.*

A exclusão do postulado da ponderação assenta na crítica de que o intérprete/julgador se deve arreigar – sem ultrapassar – na literalidade das disposições de direitos fundamentais, dado que expressam a vontade daqueles que produziram a Constituição, privilegiando-se o contexto sistemático em que se encontra a disposição a ser interpretada.

Um dos maiores defensores de uma construção positivista sem ponderação é, precisamente, Ronald Dworkin. Estribado numa teoria da argumentação jurídica, concatenada com uma teoria da justiça, materializada na obra *Levando os direitos a sério*, o pensador principia os seus ensinamentos a partir do apuramento de respostas para questões como *o que é o direito, quem deve obedecê-lo e quando*, procurando demonstrar a falência daquilo que apelida de *teoria dominante do direito*, assente no positivismo jurídico *que sustenta que a verdade das proposições jurídicas consiste em fatos a respeito das regras que foram adotadas por instituições sociais e específicas e em nada mais do que isso.*

O Autor desenvolve o seu raciocínio motivado, em larga medida, pela preocupação gerada com a constatação de que, no que toca à administração da Justiça por parte dos Juízes, *a ideia de poder discricionário infiltrou-se na comunidade jurídica, mas ilustra uma das perplexidades mais exasperantes que levam os filósofos a ocupar-se da obrigação jurídica.*

Por isso, desenvolve um argumentário que sustenta a destrinça entre *regras e princípios (padrões jurídicos obrigatórios)*, a partir de uma *diferença de natureza lógica*[46]*:*

> *Os dois conjuntos de padrões apontam para decisões particulares acerca da obrigação jurídica em circunstâncias específicas, mas distinguem-se quanto à natureza da orientação que oferecem. As regras são aplicáveis à maneira de tudo-ou-nada. Dados os fatos que uma regra estipula então ou a regra é validade, e neste caso a resposta que ela fornece deve ser aceite, ou não é válida e neste caso em nada contribui para a decisão.*

[46] Cfr. Ronald Dowrkin, *Levando os direitos a sério*, Livraria Martins Fontes, Ed. pág. 39.

Por seu turno, esclarece, um princípio *não pretende estabelecer condições que tornem a sua aplicação necessária. Ao contrário, enuncia uma razão que conduz o argumento numa certa direção, mas ainda assim necessita de uma decisão particular. Os princípios possuem uma dimensão que as regras não têm – a dimensão do peso ou importância. Quando os princípios se entrecruzam aquele que vai resolver o conflito tem de levar em conta a força relativa de cada um.*

E, num importante contributo para a problematização da separação de poderes, Dworkin enfatiza que

Podemos tratar os princípios jurídicos da mesma maneira que tratamos as regras jurídicas e dizer que alguns princípios possuem obrigatoriedade de lei e devem ser levados em conta por juízes e juristas que tomam decisões sobre obrigações jurídicas. Se seguirmos essa orientação, deveremos dizer que nos Estados Unidos "o direito" inclui, pelo menos, tanto princípios como regras.

Por outro lado, podemos negar que tais princípios possam ser obrigatórios no mesmo sentido que algumas regras o são. Diríamos, então, que em casos como Riggs e Henningsen [neto que assassinara o avô para herdar o seu património] *o Juiz vai além das regras que ele está obrigado a aplicar, isto é , ele vai além do direito, lançando mão de princípios extralegais que tem liberdade de aplicar, se assim o desejar.*

Quando uma ação judicial específica não poder ser submetida a uma regra de direito clara, estabelecida de antemão por alguma instituição, o Juiz tem segundo o positivismo jurídico, o "poder discricionário" para decidir o caso de uma maneira ou de outra. (...)

Em minha argumentação, afirmarei que, ***mesmo quando nenhuma regra regula o caso, uma das partes pode, ainda assim, ter o direito de ganhar a causa. O juiz continua tendo o dever, mesmo nos casos difíceis, de descobrir quais são os direitos das partes*** *e não de inventar novos direitos retroactivamente.* [destaque nosso]

É, portanto, consistentemente norteado pela necessidade de circunscrever a discricionariedade judicial, que o Autor desenvolve a ideia de que cabe aos Juízes *descobrirem* os direitos previamente inscritos nas disposições legais, o que devem empreender aceitando o seguinte *nível de subordinação: quando os juízes criam leis, a expectativa habitual é a de que não hajam apenas como delegados do poder legislativo, mas como um poder legislativo segundo. Eles criam leis em resposta a fatos e argumentos, da mesma natureza daqueles que levariam a instituição superior a criar, caso estivesse agindo por iniciativa própria. Este é um nível mais profundo de subordinação pois coloca qualquer entendimento que os juízes fazem nos casos difíceis na dependência de uma compreensão anterior do que os legisladores fazem o tempo todo.*

Donde, assevera, nos *casos difíceis* torna-se imperioso distinguir entre o que apelida de *argumentos de princípio* (que justificam uma decisão política, radicados na demonstração de que a decisão fomenta ou protege um objetivo coletivo ou da comunidade como um todo) e *argumentos de política* (aqueles que ilustram que a decisão respeita ou garante um direito de um indivíduo de um grupo). Estabelecida a destrinça, conclui que, nos *casos difíceis* as decisões judiciais devem ser geradas e resolvidas por argumentos de princípio, e não por razões de política[47].

Ainda que de génese longínqua à problematização supra e aos subsídios dali decalcados, ao que se acaba de expor não pode deixar de se reconhecer quer interesse para a presente demanda, quer idoneidade para auxiliar a tarefa de compreensão da dinâmica dialética de tensão que, a este propósito, se vem estabelecendo entre o Parlamento e o Tribunal Constitucional.

Tendo presentes estas considerações, cumpre agora, particularizar o teor da nossa exposição, circunscrevendo a abordagem à controvérsia que envolve a natureza do artigo 27.º, número 1 da Constituição.

3.3. O artigo 27.º, número 1 da Constituição – Direito Fundamental à segurança

3.3.1. Direito à segurança: direito fundamental ou condição de garantia?

§ O estado de arte português

Segundo o número 1, do artigo 27.º da Constituição *todos têm direito à liberdade e segurança.*

A formulação linguística adotada e a sua inserção no título II, atinente aos *direitos, liberdades e garantias* e no capítulo *direitos liberdade e garantias pessoais* não isenta de controvérsia, nem mitiga a dificuldade subjacente a este segmento da tese: o artigo 27.º, número 1 da Constituição da República Portuguesa encerra um direito fundamental à segurança?

[47] R. Dworkin, obra citada, pág*ina* 132.

Em caso afirmativo, como deve ser jurídico-dogmaticamente classificado, quanto à sua estrutura, esse direito fundamental? É que, como sagazmente assinala o Professor Bacelar Gouveia[48] tal *como a dogmática dos direitos fundamentais tem recentemente demonstrado, não se apresenta muitas vezes suficiente uma única intervenção nesse texto normativo na sua qualidade de fonte constitucional, que tem o desiderato de tornar tais direitos plenamente operativos.*

Na verdade, considerando que a doutrina, sem controvérsia, reconhece, por força do disposto no artigo 16.º da Constituição, que a nossa ordem jurídico-constitucional não rejeita a existência de outros direitos fundamentais contidos em normas legais ou internacionais, então, é forçoso concluir que *o caracter fundamental dos direitos não corresponde à sua previsão ou especificação no texto constitucional e que se torna necessário um critério de substância*[49].

Prosseguindo a finalidade de descortinar respostas para esta problematização, importa, *prima facie*, abordar a posição que a este respeito vem sendo sufragada pela mais autorizada doutrina.

Sem prejuízo do cotejo ulterior dos correspetivos fundamentos, pode, desde já, adiantar-se que é possível avistar, na doutrina portuguesa, dois entendimentos antogónicos: de um lado, aqueles que descortinam no referido preceito um *verdadeiro* direito fundamental à segurança e, em contraposição, aqueles que divisam naquele preceito uma mera condição de garantia do exercício do direito jusfundamental à liberdade[50].

Vejamos, pois.

Na sua obra *Direito Fundamentais*[51], aventa o Professor Jorge Miranda que, estamos perante um direito se a norma estabelece *uma faculdade de agir ou de exigir em favor de pessoa ou de grupos, se coloca na respetiva esfera*

[48] Jorge Bacelar Gouveia, *Regulação e limite dos direitos fundamentais*, in "Dicionário Jurídico da Administração Pública", 2.º Suplemento, Lisboa 2001, pág. 301 e seguintes.

[49] José Carlos Vieira de Andrade, *Os direitos fundamentais na Constituição Portuguesa de 1976*, Ed. Almedina, 5.ª edição, pág. 74.

[50] Numa outra perspetiva, Paulo Ferreira da Cunha, *Direitos Fundamentais – fundamentos e direitos sociais*, Ed. *Quid Juris* pág. 99: "Na medida em que consideremos como princípios constitucionais superiores a Liberdade, a Igualdade e a Justiça (a caminho da Fraternidade futura) e princípios adjuvantes eventualmente a Solidariedade (especificamente para a Igualdade) e a Equidade (se a autonomizarmos da Justiça) e a Segurança (para a Justiça)".

[51] Jorge Miranda, *Direitos fundamentais*, Ed. Almedina, pág. 104.

jurídica uma situação ativa que uma pessoa ou um grupo possa exercer por si e invocar diretamente perante outras entidades.

No que concerne às categorias de direitos fundamentais, seguindo de perto os ensinamentos de Georg Jellinek, aquele Autor enuncia o seguinte: quanto à estrutura e conteúdo, haverá que distinguir entre *direitos de agir e direitos de exigir e direitos de existência, direitos de liberdade, direitos de participação, direitos a prestações e direitos de defesa;* no que respeita aos sujeitos, importa destrinçar *direitos fundamentais individuais e direitos institucionais, direitos comuns e direitos particulares e ainda direitos do homem, do cidadão e do trabalhador;* quanto ao seu exercício, distinguem-se os direitos de *exercício individual, de exercício coletivo e de exercício individual e coletivo simultaneamente;* quanto ao objeto, é possível divisar *direitos pessoais, sociais e políticos, direitos gerais e especiais e, por fim, direitos fundamentais materiais e procedimentais*[52].

Tomando, então, como referência a Constituição Portuguesa, o Insigne Autor esclarece que *a dicotomia básica é* a que respeita a *direitos de agir e direitos de exigir,* expressa no seguinte esquema:

- Direitos de agir, que se subdividem em *liberdades* e *direitos de defesa;*
- Direitos de exigir, que se subdividem em *direitos de exigir prestações ou comportamentos positivos* (de que são exemplos, prestações jurídicas e prestações materiais) e *direitos de exigir comportamentos negativos.*

Porém, considerando que a sobredita dicotomia se afigura demasiado abstrata, o Autor propõe que se arrede aquela classificação e se proceda à sua substituição por uma outra *voltada para o conteúdo e para os bens jurídicos correspondentes aos direitos – donde, direitos de existência, de liberdade, de participação, direito a prestações e de defesa*[53].

No elenco dos direitos de existência, respeitantes à salvaguarda da pessoa e da sua esfera mais íntima, encontram-se o direito à vida (art.º 24.º), o direito à integridade pessoal (art. 25.º), o direito à reserva da intimidade da vida privada e familiar, relativamente aos quais o sujeito *exige a tutela dos bens essências da sua existência contra qualquer comportamento ofensivo desses bens.*

[52] Jorge Miranda, obra citada, pág. 111.

[53] Jorge Miranda, obra citada, pág. 115.

No segundo grupo, concernente aos direitos de liberdade, identifica o Autor aquele direito cujo conteúdo radica *no direito de decidir, por si, agir ou não agir e* de não sofrer impedimento, constrangimento ou interferência, de que constituem exemplos, o direito à liberdade física (art. 27.º), liberdade de casamento (art. 36.º), liberdade de expressão e informação (art.s 37.º e 38.º), liberdade de consciência, religião e culto (art. 41.º). Os direitos de liberdade são, por conseguinte, direitos de agir, que têm como contrapartida característica uma atitude de respeito e de não interferência por outrem, sendo, por isso, direitos negativos, ainda que possam compreender vertentes positivas.

Os direitos de participação, de que constituem exemplos, o direito ao sufrágio (art. 49.º) ou de ação popular (52.º, número 3, alínea b) são, igualmente, *direitos de agir para a conformação de atos ou atividades do Estado e de outras entidades públicas*[54]. Por seu turno, os direitos a prestações (direito à administração da justiça, à habitação e ensino) são direitos de exigir o acesso a certos bens e serviços, assumindo aqui particular predominância os direitos sociais, económicos e culturais. Por último, os direitos de defesa, como a tutela jurisdicional efetiva, direito de resistência ou *habeas corpus*, redundam numa atividade dos indivíduos direcionada para a salvaguarda dos seus direitos.

Destes ensinamentos, expendidos pelo Professor Jorge Miranda, resultam dois relevantes corolários: a liberdade consignada no artigo 27.º, número 1, da Constituição é a *liberdade física*, por um lado e, a segunda parte da norma, atinente à segurança, não é reconduzida nem elevada à categoria de direito fundamental autónomo.

Esta última inferência emerge reforçada se atentarmos no seguinte trecho da obra que vimos cotejando, inserido no capítulo atinente a conceitos afins e categorias de direitos fundamentais:

> *(...) a efetivação das liberdades depende sobretudo de condições socioculturais e institucionais. Condições socioculturais: o sentido cívico dominante da comunidade. Condições institucionais: a segurança (arts. 27.º, n.º 1 e 272.º, n.º 1), a legalidade democrática, a ordem constitucional democrática e o aparelho judiciário.*[55]

[54] Jorge Miranda, obra citada, pág. 116.

[55] Jorge Miranda, obra citada, pág. 125.

Os direitos representam só por si certos bens, as garantias destinam-se a assegurar condições para a fruição desses bens; os direitos são principais, as garantias são acessórias e muitas delas adjetivas; os direitos permitem a realização das pessoas e inserem-se direta e imediatamente, por isso, nas respetivas esferas jurídicas, as garantias só nelas se projetam, pelo nexo que possuem com os direitos; os direitos declaram-se, as garantias estabelecem-se[56].

A (ir)relevância a que a *clássica doutrina* vota o direito à segurança previsto no artigo 27.º, número 1 da Constituição, acha-se, de forma ainda mais límpida, definitivamente expressa no comentário empreendido ao texto da Lei Fundamental, pelo punho dos Professores Jorge Miranda e Rui Medeiros[57]:

Apesar de terem aflorado, aqui e ali, outras leituras – mormente uma interpretação, passe a expressão, securitária do direito à segurança, entendido como direito à segurança coletiva da comunidade ou dos cidadãos, vários elementos permitem asseverar aquilo que já foi apontado relativamente à Constituição Europeia, a saber: que os termos liberdade e segurança neste contexto devem ser "lidos em conjunto", enquanto formam um todo, devendo o direito à segurança ser entendido de modo estritamente associado à liberdade, enquanto contém a garantia de que o indivíduo só poderá ver a sua liberdade limitada nos casos e com as garantias que a Constituição admite.

É o que se conclui não somente pelo facto de, de outro modo, ser difícil de explicar a ausência de qualquer outra precisão ou regulamentação do direito à segurança, como ainda pela razão substancial de que, se bem se ponderar, tanto se entendido singularmente, como se entendido coletivamente, um direito à segurança dissociado do direito à liberdade acabar ou por ser esgotar num exercício de outros direitos, que como é evidente se integra e não se autonomiza do conteúdo destes, ou por exprimir, tão somente, a vinculação das entidades privadas ao direito à liberdade, a qual sendo evidente, também não conduz à sua diferenciação.

Em sentido aparentemente distinto mas extraindo conclusão similar, também o Professor Gomes Canotilho sustenta que, no número 1, do artigo 27.º da Constituição estão *dois direitos que, embora distintos, estão*

[56] Jorge Miranda, obra citada, pág. 152.

[57] Jorge Miranda e Rui Medeiros, *Constituição Portuguesa Anotada*, Tomo I, 2.ª Edição, págs. 637 a 641.

intimamente ligados desde a sua formulação nas primeiras constituições liberais, significando o primeiro *o direito à liberdade física, à liberdade de movimento, ou seja, o direito a não ser detido, aprisionado ou de qualquer modo fisicamente confinado a um determinado espaço ou impedido de se movimentar* e o segundo a *garantia de exercício seguro e tranquilo dos direitos, liberto de ameaças ou agressões*[58]. Não obstante, advoga que deve reconhecer-se ao direito à segurança duas dimensões: *a dimensão negativa, estritamente associada ao direito à liberdade, traduzindo-se num direito à segurança (direito de defesa perante a agressão dos poderes públicos) e dimensão positiva, traduzindo-se no direito positivo à proteção dos poderes públicos contra as agressões ou ameaças de outrem (segurança da pessoa, do domicílio, dos bens)*[59].

Contrariando, de forma expressa, aqueles ensinamentos doutrinários, assinala o Professor Bacelar Gouveia que, sendo embora inequívoco que estamos na presença de um direito fundamental[60], *com todas as consequências próprias do regime que lhe está associado,* isso não significa que não seja reconhecidamente *mais complexa a sua caracterização dogmático-jurídica*[61]. Segundo este Professor o direito à segurança goza do regime reforçado dos direitos, liberdades e garantias, o que se retira quer da sua localização sistemática[62], quer da *análise da sua efetividade jurídica*[63].

Com vista à referida classificação dogmática, o Professor Bacelar Gouveia desenvolve quatro *tópicos* que constituem subsídios para a prossecução daquele propósito, a saber: a *titularidade ativa e passiva*, esclarecendo, quanto à primeira, que o emprego da expressão "todos" *beneficia todas as pessoas singulares, independentemente de qualquer vínculo jurídico-político de*

[58] Gomes Canotilho e Vital Moreira, *Constituição da República Portuguesa Anotada*, pág. 478

[59] Gomes Canotilho e Vital Moreira, obra citada, pág. 479.

[60] Se bem se compreende acompanhando este pensamento, também Jorge Reis Novais, *Direitos Fundamentais e justiça constitucional em estado de direito democrático*, obra citada, pág. 87: "(...) quando o legislador constitu*in*te consagra um direito fundamental com um elevado grau de *in*determ*in*ação e generalidade – todos têm direito (...) à liberdade de religião, de expressão, à segurança social, à saúde, ao trabalho".

[61] Jorge Bacelar Gouveia, *Direito da segurança – cidadania, soberania e cosmopolitismo*, ob. citada, pág. 296.

[62] Em sentido divergente, porém, argumentando que podem conceber-se preceitos consignados no título II, da parte da Constituição, mas que não constituam *matéria de direitos fundamentais* J.C. Vieira de Andrade, obra citada, pág. 76.

[63] Jorge Bacelar Gouveia, obra citada, pág. 296 e 297.

cidadania, portuguesa, estrangeira ou nenhuma e, quanto à segunda, que *o dever reflexo de respeito* do direito à segurança recai sobre entidades públicas e privadas; *o objeto* do direito à segurança, aventando o Autor, a este propósito, que está em causa *a proteção da segurança individual e não coletiva*, sem que isso acarrete, necessariamente, *redução* à proteção *do hemisfério pessoal, por oposição ao hemisfério patrimonial da esfera das pessoas jurídicas*; *o conteúdo*, no sentido atinente às *utilidades que o titular do direito dele retira*, não se afigura de resposta fácil, dado que o conteúdo do direito está por concretizar, ainda que lhe possam ser assacadas *todas as faculdades e poderes que facultem um ganho de proteção dos direitos que estejam na sua esfera jurídica, globalmente entendidas como as situações jurídicas de que é titular; a tutela*, isto é, *os mecanismos que permitem a sua defesa contra a violação de que venha a ser alvo, sendo de distinguir os mecanismos gerais (desvalorização por inconstitucionalidade dos atos jurídicos que lhe sejam contrários e responsabilidade jurídicas, nas possíveis dimensões, por violação deste direito) e os mecanismos especiais que se apliquem privativamente aos direitos, liberdades e garantias*[64].

E, termina, sintetizando que, *não escondendo que essa dimensão também existe* [a de condição para o exercício de outros direitos] *a verdade é que a segurança tem de ser perspetivada como um direito subjetivo principal, com o respetivo titular aproveitando-se de um bem próprio que é a proteção de bens individuais, sendo o mais evidente a sua liberdade física mas a ela não se restringindo. O direito à segurança é um direito autónomo que vale por si e que tem um âmbito de aplicação específico, não sendo legítima a sua degradação a ferramenta auxiliar da efetividade de outros direitos, estes entendidos como principais*[65].

A dificuldade reside, contudo, no seguinte: cotejados os ensinamentos da doutrina que rejeita elevar o direito à segurança à categoria de direito fundamental, é consistentemente convincente o argumentário para esse efeito convocado? As categorias propostas pela doutrina clássica para classificar os direitos fundamentais, fornecem subsídios para estribar a proclamação de que o artigo 27.º, número 1 da Constituição, não encerra um direito fundamental?

No reverso da medalha, há igualmente lugar a reflexões de pendor crítico: quais os argumentos jusfundamentais que sustentam que, em face da literalidade da norma, "liberdade e segurança" não configuram

[64] Jorge Bacelar Gouveia, obra citada, pág.s 297 a 303.

[65] Jorge Bacelar Gouveia, obra citada, pág. 304.

efetivamente um binómio, com prevalência da liberdade sobre a segurança? Aceitando que o preceito encerra um direito fundamental à segurança, a que categoria de direito fundamental deve tal regra ser encaminhada? Estamos perante um direito de natureza individual, na aceção que permite ao um indivíduo demandar do Estado *segurança*? Ou perante um direito com um *halo* coletivo?

Uma proposta de solução para as interrogações que se acabam de explanar pode ser encontrada no capítulo seguinte, preconizada a partir dos ensinamentos de Alexy.

3.3.2. Direito Fundamental à segurança: perspetiva crítica

§ Contributo para a categorização dogmática

Salvo melhor opinião, não se afigura convincente o argumentário que sustenta uma relação de incindibilidade entre liberdade e segurança. Não se desconhece que, no plano da discussão filosófica e social, a controvérsia anima-se a partir da demonstração de que um e outro são pressupostos correspetivos:

> *Liberdade, segurança e justiça são elementos essenciais à constituição das sociedades democráticas e da vida social. Segurança e justiça definem entre si uma forte e intensa interdependência, podendo afirmar-se que uma +e inconcebível sem a outra. De igual modo, sem segurança e sem justiça não é possível afirmar a existência de liberdade.*
>
> *(...)*
>
> *Parece existir uma convicção universal de que os direitos constitucionais e os poderes do estado se movem ao longo de um espectro axial em que o aumento de um se faz à custa da diminuição do outro.*
>
> *Em tempo de crie, em situação de insegurança, os indivíduos tendem a aceitar uma reavaliação das suas liberdades e garantias, numa espécie de trade-off que legitima a diminuição de certos diretos ou a aceitação de constrangimentos à sua ação em nome de uma segurança individual acrescida*[66].

[66] Nelson Lourenço, *Segurança, Sentimento de insegurança e estado de direito. O espectro axial da relação direitos, liberdades e garantias e poderes do Estado*, Revista "Segurança e Defesa", n.º 17, 2011.

Esta controvérsia, radica, segundo Alexy no seguinte[67]:

> *O conceito de liberdade é, ao mesmo tempo, um dos conceitos práticos mais fundamentais e menos claros. Seu âmbito de aplicação parece quase ilimitado. Quase tudo aquilo que, a partir de algum ponto de vista, é considerado como bom ou desejável é associado ao conceito de liberdade. Isso vale tanto para disputas filosóficas quanto para polémicas políticas. Isso é expresso de maneira aguçada por Aldous Huxley, em seu Eyeless in gaza: "Liberdade é um nome maravilhoso. É por isso o que você está tão ansioso para fazer uso dele. Você acha que se chamar o encarceramento de verdadeira liberdade as pessoas ficarão atraídas pela prisão. E o pior de tudo é que você tem razão."*

Ora, cotejada a primeira parte do número 1, do artigo 27.º da Constituição afigura-se que o legislador ali inscreveu um enunciado geral de liberdade. Na verdade, a norma estabelecida pelo texto constitucional, ainda que límpida do ponto de vista da linguagem e gramática, caracteriza-se por um elevadíssimo grau de indeterminação do ponto de vista da sua estrutura, isto é, no que respeita à eficácia da pré-compreensão jurídica da demonstração da norma. Com efeito, a inaptidão do elemento gramatical para demonstrar o conteúdo do direito inscrito na norma é aqui bem visível, na medida em que não esclarece se esse desiderato deve ser realizado por meio da ação do Estado, se exige abstenções estatais e/ou se acarreta um direito subjetivo.

Neste enquadramento, o enunciado normativo assume a natureza de *norma permissiva*, permitindo *fazer* ou *deixar de fazer* o que se quiser, por um lado; por outro lado, a norma reveste, também, o cariz de *norma de direitos*, na medida em que implica, para o Estado, o direito a que não constitua um entrave ao exercício daquele direito, por via de ação ou abstenção, impelindo-o a *não intervir.*

Sem prejuízo e salvo melhor opinião, a porosidade da enunciação linguística, conjugada com a pluralidade e o carácter multifacetado para que o teor dos conceitos de liberdade e segurança remetem o intérprete, demanda a conclusão de que se mantém nebuloso apurar qual é, afinal, o objeto da norma e quem são os seus destinatários. Por outras palavras, daquela enunciação normativa decorre o quê e para quem?

[67] Robert Alexy, Teoria dos Direitos Fundamentais, Malheiros Editores, tradução Virgílio Afonso da Silva, pág.s 218 e seguintes.

Atendo-nos à literalidade da norma, é inequívoco que o legislador, ademais se convocarmos a inserção sistemática em que inscreveu o preceito, elevou os sobreditos direitos à categoria de *direitos, liberdades e garantias*. Mas será que a sobredita enunciação assegura, sem mais e imediatamente, o exercício individual de uma posição jurídica ativa face ao Estado?

Não nos parece. Na verdade, o desiderato de assegurar um conteúdo *não líquido* para o direito à liberdade só é atingido por via, não da definição do seu teor mas, da consagração das restrições consignadas nos números seguintes do artigo 27.º da Constituição, às intervenções legais na liberdade. Neste conspecto, o conteúdo do direito fundamental à liberdade é apreendido a partir das suas restrições.

Isto não significa, contudo, que a consagração acolhida no número 1, do artigo 27.º seja despicienda, inócua ou meramente simbólica. Na verdade, a consignação do enunciado geral de liberdade tem a valia de tornar indubitável aquilo que *prima facie* e de uma forma explícita é protegido. Destrate, no número 1 do preceito descortinamos o enunciado geral à liberdade; e nos números 2 a 5, através das restrições discriminadas, a explicitação do conteúdo e alcance normativo do direito individual à liberdade.

O mesmo se aplica em relação ao direito à segurança, no que respeita às virtualidades da consignação do referido enunciado geral. Contudo, neste segmento, agudizam-se as dificuldades dado que, contrariamente ao que verificámos quanto ao conteúdo do direito à liberdade, o legislador constitucional não consignou, nos números subsequentes do preceito, a inscrição de quaisquer restrições que comportem subsídios para aquilatar o teor normativo do direito.

Donde, parece incontornável que, embora linguisticamente interligados, o legislador tratou um e outro de forma deveras distinta. Estribados nesta destrinça, afigura-se ser de destacar três relevantes corolários, que se passam a escalpelizar.

Por um lado, a demonstração do carácter autónomo do parâmetro *segurança* face à *liberdade*. Na verdade, as restrições inscritas pelo legislador nos números 2 a 5 do artigo 27.º da Constituição, respeitam, invariavelmente ao parâmetro liberdade, sedimentando-se, por isso, a conclusão de que um e outro não se confundem e projetam-se de modo distinto e diferenciável. Com efeito, nenhuma daquelas restrições concerne, direta ou reflexamente, ao parâmetro segurança. Mas mais, s.m.o., afigura-se-nos que a circunstância de, nem nos demais números que constituem o artigo 27.º, nem em qualquer outra norma jusfundamental, ser possível divisar restrições ao conteúdo do direito à segurança, consente a asserção de que, contrariamente ao direito à liberdade, o legislador não atribuiu ao direito à segurança a idoneidade para tutelar um direito individual.

Não comungamos, por isso, os ensinamentos da doutrina que descortina no preceito uma *relação umbilical* entre um e outro, pois que, a esses – em face da estrutura da norma que não reflete, de forma nenhuma, qualquer restrição ao conteúdo ou limite do parâmetro segurança – não resta senão a conclusão de que o legislador constitucional inscreveu como *letra morta* ou desprovido de sentido normativo útil, o conteúdo do direito à segurança enquanto direito, liberdade e garantia. Muito menos se adere aos ensinamentos que divisam na segurança uma mera condição de garantia do exercício do direito à liberdade, pois que os fundamentos em que se estribam encontram-se inexoravelmente ligados – e aí se esgotam – a conceções filosóficas e políticas desenvolvidas a partir da mundividência da cultura ocidental e de uma determinada noção de Estado.

Por outro lado, e na esteira do que imediatamente antes se afirmara, é através do robustecimento normativo do direito à segurança que devemos procurar superar as dificuldades. Na verdade, a circunstância de os conceitos de *liberdade* e *segurança*, por contraposição a outros que perpassam o capítulo I, do artigo II da Constituição, não serem suscetíveis de apreensão apriorística – antes se caracterizando pela subjetividade e amplitude de densificação de que podem ser objeto em função dos pré-juízos e mundividências do intérprete – reclama a sua recondução ao conceito, desenvolvido por Alexy, de *direito a ação normativa*[68]. Segundo o Insigne Autor, *os direitos que os cidadãos têm contra o Estado, a ações estatais positivas podem ser divididos em dois grupos: aquele cujo objeto é uma ação fáctica e aquele cujo objeto é uma ação normativa.* Estes últimos constituem *direitos a atos estatais de criação de normas.*

Assim, na nossa perspetiva, ainda na esteira dos ensinamentos de Alexy, considerando que o *direito a algo* radica na dinâmica correlacional que se estabelece entre a tríade *titular, destinatário e objeto,* defendemos que o direito à segurança acarreta um *halo* meramente coletivo, destinado

[68] Robert Alexy, obra citada, pág.s 201 a 203.

a assegurar a segurança coletiva e comunitária, para o que compete ao Estado produzir medidas estatais, também de carater organizacional, necessárias para a proteção da esfera de segurança coletiva constitucionalmente protegida.

Donde, a teleologia da segunda parte do número 2 do artigo 27.º da Constituição radica, por um lado, em constituir-se como parâmetro autónomo avalizador da conformidade das medidas legais encetadas pelos Estados em matéria de segurança, com particular enfoque no terrorismo ou em catástrofes naturais. Por outro lado, o reconhecimento da autonomia do parâmetro jusfundamental demanda para o intérprete/aplicador que, sempre que convocado a aquilatar da conformidade constitucional de um diploma legal cujo fundamento radique no *direito à segurança*, o juízo jusfundamental a prolatar deve ancorar-se num juízo de ponderação entre o sobredito direito à segurança e a norma constitucional invocada como postergada, superando-se a tensão, entre disposições, por via da atuação do princípio da proporcionalidade (número 2, do artigo 18.º da Constituição).

3.4. O artigo 34.º da Constituição – A inviolabilidade das comunicações

3.4.1. O artigo 34.º da Constituição: sentido e alcance normativo

Ínsito no capítulo dos *direitos, liberdades e garantias*, o legislador consagrou no artigo 34.º da Constituição *a inviolabilidade do domicílio e da correspondência*. Para o efeito, estabeleceu, no número 1, que *o domicílio e o sigilo da correspondência e dos outros meios de comunicação privada são invioláveis*.

No número 4, da mesma disposição, consignou que *é proibida toda a ingerência das autoridades públicas, na correspondência, nas telecomunicações e nos demais meios de comunicação, salvo os casos previstos na lei em matéria de processo criminal*.

Segundo Paulo Mota Pinto *as garantias de inviolabilidade do domicílio e da correspondência e de outras comunicações (artigo 34.º, número 1 da CRP) proporcionam uma proteção da intimidade da vida privada em domínios particulares. (...) Resulta destas garantias uma proteção da vida privada em sentido formal, estendida como proteção de domínios ou meios nos quais se desenrola. Desta forma, a garantia de inviolabilidade da correspondência ou de outras comunicações proporciona a garantia de que a vida privada se pode exprimir através destes meios de comunicação*[69].

Por seu turno, em anotação ao preceito jusfundamental, Jorge Miranda e Rui Medeiros[70] asseveram que *o conteúdo do direito ao sigilo da correspondência e dos outros meios de comunicação privada que o n.º 1 estabelece abrange todas as espécies de comunicação de pessoa a pessoa, escrita ou oral, incluindo objetos (encomendas) que não contenham qualquer comunicação escrita ou oral. A garantia de sigilo abrange não só o conteúdo das comunicações, mas o próprio tráfego (espécie, hora, duração).*

Em idêntico sentido, advogam Gomes Canotilho e Vital Moreira que *a proclamação destes direitos como invioláveis e a sua associação para efeitos de positivação normativo-constitucional justifica-se por haver, em ambos os direitos, a proteção de bens jurídicos fundamentais comuns (dignidade da pessoa, desenvolvimento da personalidade, e sobretudo garantia da liberdade individual, autodeterminação existencial, garantia da privacidade nos termos do artigo 26.º).*

A propósito das dificuldades que diagnosticam no preceito, quanto a uma delimitação precisa do objeto da inviolabilidade, aqueles Autores assinalam que *não se consideram "candidatos positivos" do âmbito de proteção do direito à inviolabilidade do domicílio nem a recolha, nem o tratamento de dados relacionados com uma determinada habitação (fotografia da habitação, registo de visitantes), embora isso possa cair no âmbito normativo de outros direitos (desenvolvimento da personalidade, intimidade da vida privada)*[71]. No que tange ao enunciado normativo constante do número 4, sustentam que o *objeto da proteção é a comunicação individual, isto é, a comunicação que se destina a um recetor individual ou a um círculo de destinatários previamente determinado.*

Destas explicitações, retira-se que a doutrina descortina, no artigo 34.º da Constituição, um corolário do direito à reserva da vida privada, previsto no artigo 26.º da Lei Fundamental. Com o devido respeito, afigura-se que a afirmação dessa interligação, sem autonomização, contribui para a ausência de uma rigorosa e percetível delimitação quanto

[69] Paulo Mota Pinto, *Direitos de personalidade e direitos fundamentais – estudos*, Ed. GESTLEGAL, págs. 613 e 614.

[70] Jorge Miranda e Rui Medeiros, Constituição Portuguesa Anotada, Tomo I, Coimbra Ed. Pág. 373.

[71] Gomes Canotilho e Vital Moreira, *Constituição da República Portuguesa Anotada – Artigos 1.º a 107.º*, Coimbra Editora, págs. 538 a 546.

ao objeto normativo de cada um dos preceitos, mitigando-se o labor do intérprete na tarefa de incrementar e aprofundar a teleologia do conteúdo normativo da *inviolabilidade das comunicações*.

Por outro lado, também não se divisa, porque não foi explanada, a razão – sequer perfunctória – que funda a asserção da doutrina que, em anotação ao preceito, estabelece, perentoriamente, que a proteção constitucional, inscrita no artigo 34.º, excede o conteúdo das comunicações e também *abrange o próprio tráfego (espécie, hora, duração)*.

Na verdade, na senda dos ensinamentos de Paulo Mota Pinto, afigura-se que a inviolabilidade do domicílio, da correspondência e de outras comunicações consubstancia uma *figura afim* do direito à reserva da intimidade da vida privada, que com ele não se confunde:

> *Referindo-nos, de seguida, à garantia da inviolabilidade do domicílio, diremos que o resultado dessa garantia coincidirá em parte com o do direito à reserva. Mas não totalmente: por um lado, o direito à reserva não se restringe à inviolabilidade do lar; por outro lado, esta última garantia pode abranger factos que não são tutelados pelo direito à reserva, designadamente por não serem de incluir na vida privada de uma pessoa. No entanto, não há dúvidas de que normalmente a violação do domicílio comum constitui uma forma de violação da privacidade e do direito à reserva sobre a vida privada.*
>
> *E algo de semelhante sobre a relação com o direito à reserva se poderia dizer quanto à garantia de inviolabilidade da correspondência e de outras comunicações, não se referindo essa garantia já ao lugar, mas antes a alguns meios de comunicação.*

3.4.2. A inviolabilidade das comunicações na Jurisprudência Constitucional

Cotejada a doutrina, cumpre, agora, perscrutar o caminho trilhado pela jurisprudência do Tribunal Constitucional, a propósito do preceito, com o fito de decalcar subsídios para o empreendimento destinado à delimitação do objeto normativo consagrado no artigo 34.º da Lei Fundamental.

Nesta matéria, a jurisprudência do Tribunal Constitucional, incide, em larga medida, sobre interceções telefónicas, como é o caso dos acórdãos n.º 528/2003, 466/2008 e 4/2006[72], destacando-se, contudo, os

[72] Todos disponíveis no site do Tribunal Constitucional.

arestos n.ºs 470/96, em que estava em causa a consulta e divulgação das declarações de património e rendimentos dos titulares de cargos políticos e n.º 355/97, atinente a registos informáticos de doentes oncológicos.

Comecemos por estes dois últimos.

No aresto n.º 470/96, estava em causa apurar se elementos de natureza patrimonial e bancária, atinentes a titulares de cargos políticos, podiam, ou não, ser acedidos e divulgados por terceiros e quais as circunstâncias em que os visados poderiam invocar a prevalência de um motivo justificado impeditivo desse acesso. Ora, ainda que se refira ao artigo 34.º da Constituição, o acórdão arreda tal preceito da fundamentação expendida, não o elevando a fundamento decisivo da decisão proferida. Na verdade, o Tribunal realiza a tarefa de apuramento da conformidade constitucional, da questão de constitucionalidade suscitada, a partir do artigo 26.º da Constituição. E, nesse conspecto, convocando jurisprudência precedente, o aresto merece a nossa ênfase por estabelecer que o âmbito de proteção da norma abarca *outros aspetos da vida privada das pessoas, inclusive de natureza material, económica ou até patrimonial* do cidadão.

Já no acórdão n.º 355/97, estava em causa aquilatar da conformidade jusfundamental da criação de ficheiros automatizados, contendo registos oncológicos, nos centros regionais de oncologia de Lisboa, Porto e Coimbra, com vista a *estudar sistematicamente a evolução das doenças de foro oncológico, com o envolvimento de todas as unidades de saúde hospitalares na prevenção, tratamento e seguimento a longo prazo dos doentes portadores deste tipo de doença.* O pedido, de fiscalização da constitucionalidade, fora impulsionado pelo Presidente da República, fundado nos preceitos constitucionais que conferem o direito à autodeterminação informacional (artigo 35.º da Constituição) e à reserva da intimidade da vida privada (artigo 26.º, número 1 da Constituição) e, por conseguinte, matéria insuscetível de aprovação através de portaria do Governo. O Tribunal concluiu que *o tratamento automatizado de dados relativos a doenças oncológicas integra-se na esfera privada dos doentes, interferindo, nessa medida, na definição do conteúdo de vida privada.* Por conseguinte, julgou inconstitucional, a criação dos sobreditos registos através de portaria.

Nos restantes acórdãos acima referidos, o Tribunal dedicou-se ao cotejo do segmento final do número 4 , do artigo 34.º da Constituição, que exceciona a interdição de ingerência nas comunicações aos *casos previstos na lei em matéria de procedimento criminal.*

Com pertinência para o presente trabalho, respingam-se, segmentos daqueles arestos,

"[...]

8. Prescreve o nº 1 do artigo 34º da Constituição que "O domicílio e o sigilo da correspondência e dos outros meios de comunicação privada são invioláveis", particularizando o nº 4 da mesma disposição ser "proibida toda a ingerência das autoridades públicas na correspondência e nas telecomunicações, salvos os casos previstos na lei em matéria de processo criminal".

Corporizam os artigos 187º a 190º do CPP precisamente a exceção indicada no segmento final do comando constitucional transcrito. (...)

Expressão desta danosidade constitui, para além do evidente atentado "ao direito à palavra" falada que consubstanciam as escutas – atentado só compreensível (aceitável) numa exigente lógica de ponderação de interesses-, a circunstância de propiciarem a frustração, de forma algo insidiosa, de direitos e privilégios de atuação processual, quando não mesmo de específicas proibições de prova, além de direitos de terceiros estranhos à investigação criminal. Pense-se, a este respeito, na confidencialidade da comunicação entre o arguido e o defensor (expressamente salvaguardada no nº 3 do artigo 187º do CPP); na tutela a determinados intervenientes numa conversação objeto de escuta; do direito ou dever de sigilo e/ou da legitimidade de recusa de depoimento; na possibilidade de se converterem "numa forma larvada de obtenção de confissões não livres" (Manuel Costa Andrade, bocim., p.284).

Pense-se, enfim, na intimidade exterior à matéria investigada do arguido e particularmente, de terceiros, para alcançarmos a real dimensão dessa "danosidade social polimórfica e pluridimensional" (*ibidem*, p.283) das medidas de interceção telefónica.

[...]

Não obstante, utilizando essa perspetiva de comparação de sistemas, é possível ao mesmo autor [*Costa Andrade*] definir uma metodologia de aproximação à problemática interpretativa do regime das escutas telefónicas, nos seguintes termos: " O teor particularmente drástico da ameaça representada pela escuta telefónica explica que a lei tenha procurado rodear a sua utilização das maiores cautelas. Daí que a sua admissibilidade esteja dependente do conjunto de exigentes pressupostos materiais e formais previstos nos artigos 187º e seguintes da lei processual portuguesa ou nos §§ 100 a) e

100 b) da codificação alemã. Tanto o legislador português como o alemão procuram, assim, inscrever o regime das escutas telefónicas sobre a exigente ponderação de bens entre: por um lado, os sacrifícios ou perigos que a escuta telefónica traz consigo; e, por outro lado, os interesses mais relevantes da perseguição penal. Trata-se, como Knauth pertinentemente assinala, de uma «ponderação vinculada» ("gebundene Abwägung"), de que o intérprete e aplicador do direito não estão legitimados a desviar-se. E aqui – no imperativo da fidelidade estrita ao paradigma da ponderação legalmente codificada – residirá uma razão decisiva em abono da exigência de uma interpretação restritiva das normas atinentes às escutas telefónicas. Uma exigência que concita a seu favor o aplauso praticamente unânime da jurisprudência e da doutrina, incluída a doutrina jus-constitucionalística. Louvando-se do que a este propósito vem sendo o seu entendimento recorrente, proclama recentemente (decisão de 16/3/83) o BGH que estas normas «como preceitos limitadores de um direito fundamental deverão – tendo em conta o reconhecimento do eminente significado axiológico dos direitos fundamentais no contexto de um estado democrático assente na liberdade – ser interpretadas restritivamente na direção da compressão do direito fundamental».

No plano doutrinal refere, por seu turno, Walter: «Os atentados contra o sigilo das telecomunicações, o direito à palavra falada e mesmo a liberdade de expressão devem ater-se ao estritamente necessário e salvaguardar sempre a garantia de conteúdo essencial e do princípio de proporcionalidade»". (ob. cit.pp.286/287).

(...)

Ora, já se indicou que o critério interpretativo neste campo não pode deixar de ser aquele que assegure a menor compressão possível dos direitos fundamentais afetados pela escuta telefónica. Também já se assentou – e importa lembrá-lo de novo – que a intervenção do juiz é vista como uma garantia de que essa compressão se situe nos apertados limites aceitáveis e que tal intervenção, para que de uma intervenção substancial se trate (e não de um mero tabelionato), pressupõe o acompanhamento da operação de interceção telefónica. Com efeito, só acompanhando a recolha de prova, através desse método em curso, poderá o juiz ir apercebendo os problemas que possam ir surgindo, resolvendo-os e, assim, transformando apenas em aquisição probatória aquilo que efetivamente pode ser. Por outro lado, só esse acompanhamento coloca a escuta a coberto dos perigos – que sabemos serem consideráveis – de uso desviado." – Acórdão n.º 528/2003

E, no acórdão n.º 466/2008:

"Na síntese apresentada por IRENEU CABRAL BARRETO:

A jurisprudência de Estrasburgo, tendo em conta a gravidade da ingerência na vida das pessoas que representa a escuta telefónica, precisou que não basta uma lei a prever essa possibilidade.

Para prevenir o risco de arbítrio que o uso desta medida poderia acarretar, entende-se que uma tal lei deve conter uma série de garantias mínimas:

- definir as categorias de pessoas suscetíveis de serem colocadas em escutas telefónicas;
- a natureza das infrações que podem permitir essa escuta;
- a fixação de um limite de duração dessa medida;
- as condições do estabelecimento de processos verbais de síntese consignando as conversas intercetadas;
- as precauções a tomar para comunicar, intactos e completos, os registos realizados, para o controlo do juiz e da defesa;
- as circunstâncias nas quais pode e deve proceder-se ao apagamento ou destruição das fitas magnéticas, nomeadamente após uma absolvição ou o arquivamento do processo."

Como refere GÉRARD COHEN-JONATHAN ("La Cour européenne des droits de l'homme et les écoutes téléphoniques", *Revue Universelle des Droits de l'Homme*, vol. 2, n.º 5, 31 de Maio de 1990, pp. 185–191), impõe-se a existência de uma *lei* que preveja a possibilidade de autorização de escutas, lei que deve ser *acessível* e *precisa*, e que se estabeleçam *garantias adequadas*, desde logo definindo com precisão quais as *autoridades competentes* para ordenar ou autorizar as escutas, quais os *crimes* cuja gravidade justifica o uso deste meio de produção de prova e o *grau de suspeita* exigível, não podendo a ingerência ser meramente exploratória. Depois, o acompanhamento da operação há-de ocorrer em três estádios: no momento da ordem ou da autorização, no decurso da operação e após o seu termo, possibilitando às pessoas colocadas sob escuta o direito de acesso às gravações e respectivas transcrições, o direito à eliminação das passagens irrelevantes ou interditas e o direito à destruição ou restituição dos respetivos suportes.

Mas para além das "escutas judiciárias", são ainda admissíveis "escutas administrativas", determinadas pelo poder executivo visando objetivos de segurança interna e externa, as quais devem oferecer igualmente garantias adequadas que afastem o risco de utilização abusiva, garantias que serão naturalmente diferentes das previstas para as "escutas judiciárias", mas que sempre exigirão a possibilidade de recurso aos tribunais, embora apenas *a posteriori*. Essas garantias passam, nalguns países, pela intervenção de entidades independentes, por vezes de origem parlamentar, que acompanham a atuação do executivo (cf. o Acórdão *Klass*, de 1978, em que o Tribunal Europeu considerou suficientes os recursos judiciais *a posteriori* previstos no direito alemão em caso de interceção de conversações determinada pelo Governo alemão, para defesa da ordem e segurança numa sociedade democrática e para evitar infrações, sem controlo judicial prévio, e a decisão da Comissão Europeia dos Direitos do Homem, de 10 de Maio de 1985, relativa ao Luxemburgo, ambos citados no artigo de GÉRARD COHEN-JONATHAN).

Por fim, no aresto n.º 4/2006, divisam-se relevantes subsídios para a delimitação da axiologia dos preceitos que estabelecem a proteção da reserva da vida privada e da inviolabilidade das comunicações:

> "O direito à palavra a que se refere o artigo 26º da CRP – próximo do direito à imagem, enquanto direito pessoal, e por isso estruturalmente distinto do direito à liberdade de expressão (artigo 31.º) – pressupõe a existência de uma «liberdade de disposição na área da comunicação não pública», em que o que é dito – justamente por ser dito fora do espaço público ou seja, não com o intuito de ser escutado – faz parte da «ação comunicativa» espontânea, «inocente e autêntica (veja-se Manuel da Costa Andrade, Sobre as Proibições de Prova em Processo Penal, Coimbra, Coimbra Editora, 1992, p. 70).
>
> A esta esfera da comunicação humana pertencem os discursos fragmentários, a «expressão não refletida nem contida», ou a «formulação apenas compreensível no contexto de uma situação especial» (Tribunal Constitucional Federal Alemão, apus Manuel Costa Andrade, ob. e loc. cit.) Quem «escuta» um discurso assim, feito para não ser escutado, infere sentidos. A decisão unilateral e externa (isto é, tomada sem o conhecimento do autor do próprio discurso) quanto ao se e ao modo da descontextualização do mesmo, permite que às inferências de sentido iniciais se venham a sobrepor outras, numa escala potencialmente progressiva de redução da compreensibilidade do que foi dito."

Para finalizar, enfatiza-se que, com a explanação do teor da jurisprudência jusfundamental nesta matéria prosseguiram-se dois desideratos distintos: por um lado, destacar e demonstrar que a danosidade social provocada pelo acesso ao conteúdo de conversações é o âmago da proteção do artigo 34.º da Constituição; por outro lado, assinalar que, curiosamente, vários dos *itens* considerados fulcrais pela jurisprudência do TEDH, em matéria de escutas telefónicas, encontram, presentemente, materialização na Lei Orgânica n.º 4/2017, que regula o procedimento de acesso a *metadados*, designadamente, a identificação dos crimes que admitem o sobredito acesso, o controlo e acompanhamento judicial e o prazo máximo de duração de tal medida.

E, por conseguinte, aventar que, precisamente desta contraposição, não pode senão resultar a asserção de que o acesso aos *metadados*, na estrita medida em que não implica, de forma alguma, o acesso ao conteúdo das comunicações, não integra o âmbito de proteção do artigo 34.º da Constituição, pelas razões que melhor se explanará infra.

3.5. Jurisprudência Constitucional em matéria de acesso a *metadados*

3.5.1. A conceção tripartida de dados fiscalizados na jurisprudência do Tribunal Constitucional: os acórdãos n.º 241/2002, 486/2009 e 420/2017

Ainda antes de ser convocado para aferir da conformidade constitucional do acesso a *metadados* por parte dos serviços de informações da República Portuguesa, o Tribunal Constitucional, prolatou três relevantes acórdãos, que abordaram a problemática do acesso aos *metadados*, à luz dos parâmetros constitucionais que interditam a ingerência nas comunicações e tutelam a reserva da vida privada. Referimo-nos aos acórdãos n.º 241/2002, 486/2009 e 420/2017, que estabeleceram subsídios que, ainda hodiernamente, norteiam a jurisprudência jusfundamental na matéria, razão por que merecem uma breve menção.

Verdadeiramente percursor, foi o douto acórdão n.º 241/2002[73], no qual estava em causa aquilatar da conformidade constitucional do artigo 519.º, número 3, alínea b) do Código de Processo Civil, *quando interpretado*

[73] Disponível no site do Tribunal Constitucional.

no sentido de que, em processo laboral, podem ser pedidas, por despacho judicial, aos operadores de telecomunicações informações relativas aos dados de tráfego e à fracturação detalhada de linha telefónica instalada na morada de uma parte, sem que enferme de nulidade a prova obtida com a utilização dos documentos que veiculam aquelas informações, com reporte aos artigos 26.º, número 1 e 34.º, números 1 e 4 da Constituição.

Naquele aresto, explanram-se, preliminarmente, considerações introdutórias respeitantes à génese da internet e do correio eletrónico, dando nota do paralelo desenvolvimento de uma inovadora disciplina jurídica, corolário da emergência desta *nova realidade*, estruturada numa *sociedade em rede* – nas palavras do espanhol Manuel Castells:

> "A Internet surgiu em 1969 nos EUA, mais concretamente no Departamento de Defesa, com a implementação de um programa experimental (*Advanced Resarch Projects Agency Network*) destinado a assegurar uma rede de comunicações segura para organizações de defesa e, mais tarde, para organizações vocacionadas para a investigação científica no domínio da defesa, formando como que uma espécie de linguagem comum de comunicação entre redes de informação, independentemente das respectivas características tecnológicas, o que só foi tecnicamente possível pelo *Transmission Control Protocol/Internet Protocol.*
>
> O aparecimento do correio electrónico é quase simultâneo ao da Internet, na medida em que os investigadores colocavam na rede *Request For Comments,* o que constituiu uma forma rápida de comunicar /compartilhar ideias, o mesmo tendo acontecido com a transmissão de ficheiros de informação tão vital para as áreas da investigação académica e científica, em especial, no seu domínio de origem (defesa militar).
>
> A partir de 1983, a Internet transformou-se em veículo de transmissão comercial, com uma explosão mundial absolutamente sem precedentes, por força dos próprios desenvolvimentos tecnológicos da rede, permitindo a *World Wide Web* (www) a "navegação" pelas páginas da informação ao estabelecer ligações (*hyperlinks – hppl*) com base no conteúdo, possibilidade que lhe granjeou a conquista de maior componente da Internet, a partir de meados da década de 90.
>
> Com a massificação/democratização da utilização dos computadores e, nos últimos anos, dos computadores pessoais, a Internet tem sido "procurada" por utentes privados que, geralmente, não têm acesso directo à

Internet, o que lhes é concedido por um fornecedor de acesso especializado, ou por um fornecedor de serviços na Internet (fornecedores de "conteúdo") ou por um fornecedor de serviços *on-line* (fornecedor de informação a assinantes e fornecedor de acessos) que, por sua vez, fazem a ligação à Internet mediante o aluguer de uma linha ao "operador da rede".

Os *Internet Service Providers* (ISP) oferecem o acesso (telefónico via *modem*) a um computador ligado à Internet, sendo que, em regra, existem vários operadores em cada país a oferecer o serviço, a um número cada vez maior de computadores pessoais (sobre o conceito de *modem:* "aparelho que permite que os computadores "falem" uns com os outros através da linha telefónica", ver José Magalhães, *Roteiro prático da Internet*, pág. 315, 3ª. ed., Quetzal Editores, Lisboa, 1995).

Por volta dos anos oitenta (do século XX), o movimento de liberalização das economias europeias atingiu também o sector das telecomunicações, tendo convergido também nesse sentido uma alteração da "política" comunitária para as telecomunicações, primeiro por força da jurisprudência do Tribunal de Justiça das Comunidades Europeias e, mais tarde, por iniciativa da Comissão (Livro Verde da Comissão sobre o desenvolvimento do mercado comum das telecomunicações de 1987) e do Conselho das Comunidades Europeias (acervo de resoluções e directivas para o sector) que vieram a estabelecer o princípio do funcionamento da rede básica de telecomunicações como rede aberta à prestação da generalidade dos serviços de telecomunicações (neste sentido, Pedro Gonçalves, *Direito das Telecomunicações*, págs. 29 a 55, Livraria Almedina, Coimbra, 1999).

Com a adesão de Portugal às Comunidades Europeias, impôs-se que o direito interno português "reflectisse" essas orientações também no domínio ora em apreço, o que veio a acontecer com a Lei nº. 88/89, de 11 de Setembro (Lei de Bases do Estabelecimento, Gestão e Exploração das Infra-estruturas e Serviços das Telecomunicações). Este diploma distinguia os serviços fundamentais (serviço público de telecomunicações: serviço fixo de telefone, telex e serviço comutado de transmissão de dados), serviços de telecomunicações complementares (que podem ser explorados por operadores de serviço público de telecomunicações ou por empresas de telecomunicações complementares devidamente licenciadas) e serviços de valor acrescentado (a sua prestação pode ser assegurada por qualquer pessoa singular ou colectiva para esse efeito autorizada).

Face a esta reorganização das empresas nacionais de telecomunicações e cumprindo as obrigações comunitárias em matéria de telecomunicações, a Lei nº. 91/97, de 1 de Agosto, instituiu a nova Lei de Bases das Telecomunicações que consagrou o princípio da liberdade de estabelecimento das redes públicas de telecomunicações e o princípio da liberdade de prestação desses serviços (artigos 7º e 11º). No desenvolvimento do regime jurídico estabelecido por esta última Lei surgiram os Decretos-Lei nº. 290-A/99 e 290-B/99, ambos de 30 de Julho, diplomas de que se destacam, entre as "*obrigações dos operadores de redes públicas de telecomunicações*", as de "*d) Providenciar no sentido de assegurar e fazer respeitar, nos termos da legislação em vigor, a protecção de dados e o sigilo das comunicações suportadas na rede que exploram, ficando isentos de quaisquer responsabilidades por acções ou omissões que não lhe sejam imputáveis*" (cfr. artigo 3º, nº. 2, do Decreto-Lei nº. 290-A/99, de 30 de Julho) e de "*e) Providenciar, no que for necessário e estiver ao seu alcance, no sentido de assegurar e fazer respeitar, nos termos da legislação em vigor, o sigilo das comunicações do serviço prestado, bem como o disposto na legislação de protecção de dados pessoais e da vida privada*" (cfr. artigo 4º, nº. 2, do Decreto-Lei nº. 290-B/99, de 30 de Julho).

Após este enquadramento, o acórdão empreendeu uma destrinça entre, por um lado, o que denominou de *dados de identificação do titular* e, por outro lado, a *faturação detalhada*, circunscrevendo o objecto da questão *decidendum* a apurar se as operadoras telefónicas podem, legitimamente, recusar-se a fornecer tais dados, na sequência de despacho judicial, invocando, para tanto, que a disseminação dessa informação consubstancia uma *intromissão na reserva da vida privada ou familiar, no domicílio, na correspondência ou nas telecomunicações*, tal como prevista na alínea b), do número 3, do artigo 519.º do pretérito Código de Processo Civil. Para o efeito, arrimados em precedentes Pareceres do Conselho Consultivo da Procuradora-Geral da República[74], o Tribunal diferencia o seguinte tríptico:

> "*(...) os dados relativos à conexão à rede, ditos* ***dados de base****; os dados funcionais necessários ao estabelecimento de uma ligação ou comunicação e os dados*

[74] Pareceres do Conselho Consultivo da PGR n.º 16/94 e Parecer complementar de 02.05.1996, disponíveis no site da dgsi.

gerados pela utilização da rede (por exemplo, localização do utilizador, localização do destinatário, duração da utilização, data e hora, frequência), ***dados de tráfego****; dados relativos ao conteúdo da comunicação ou da mensagem,* ***dados de conteúdo***". (destaque nosso)

A partir desta destrinça, o acórdão assinala o caracter de *dados pessoais* e, por conseguinte, a natureza reservada, que os dados de base (que evidenciam o número e os dados através dos quais o utilizador acede ao serviço) revestem, cabendo às operadoras telefónicas assegurarem a sua efetiva confidencialidade e protecção. Porém, salienta, que *o dever de sigilo dos operadores dos serviços de telecomunicações tem de ser equacionado face ao dever de colaboração com a administração da justiça, quer em matéria de investigação criminal, quer em sede de processo civil latamente considerado, como é o caso dos presentes autos.* Para esse efeito, em douta fundamentação, o Tribunal demonstra que aqueles dados não são, por si só, isoladamente considerados, suscetíveis de revelar a identidade do autor das comunicações geradas:

> "Vejamos porquê.
>
> O "NNPT – Posting Host: 194.65.178.114" corresponde ao IP (Internet Protocol) identificador apenas do computador que emitiu uma mensagem no dia e hora indicados, mas que sendo dinâmico é variável consoante cada comunicação estabelecida ou mensagem enviada a circular na rede, tenha ou não origem naquele computador. Trata-se, no fundo, de um número de série atribuível pelo software de gestão da rede para cada ligação que é efectuada, sendo que a primeira série de três números corresponde a uma espécie de indicativo nacional, a segunda série de dois números a uma região ou zona do país e as terceira e quarta séries de três números correspondem às máquinas (computadores) nacionais de onde partiu a mensagem.
>
> Do que resulta que o IP não é sinónimo de endereço electrónico, enquanto caixa de correio de onde e para onde se podem enviar mensagens.
>
> Finalmente, a própria mensagem tem um "código" de identificação e que, no caso ora em apreço, corresponde ao terceiro elemento fornecido à T....
>
> Trata-se de elementos técnicos que acompanham qualquer mensagem de correio electrónico e que permitem, em conjunto, proceder à identificação do computador do qual partiu a mensagem, o computador emissor (mas já não a autoria da própria mensagem como está em causa nos autos).

> Ora, os dados de tráfego respeitam aos próprios elementos funcionais da comunicação reportando-se à direção, destino, via e trajeto de uma determinada mensagem. Assim, estes elementos funcionalmente necessários ao estabelecimento e à direção da comunicação identificam ou permitem identificar a comunicação e, uma vez conservados, possibilitam a identificação das comunicações entre emitente e destinatário, a data, o tempo, a frequência das ligações efetuadas, sendo que a conservação destes elementos pelo operador obedece a intuitos finalísticos como sejam a boa utilização e qualidade das comunicações, fracturação, estatísticas, identificação dos erros de trajeto das comunicações e apenas nos períodos – necessariamente curtos – autorizados por lei. Estes dados são dados funcionais necessários ao estabelecimento de uma comunicação e gerados pela utilização da própria rede.

Após este enquadramento, o Tribunal parece arredar o parâmetro que tutela a reserva da vida privada (artigo 26.º, número 1 da Constituição) e estriba a tarefa, de perscrutação da conformidade jusfundamental da norma do Código de Processo Civil, com o artigo 34.º da Constituição, concluindo, com a singela invocação do pensamento de Vital Moreira e Gomes Canotilho em anotação à Lei Fundamental, que a norma tutela o conteúdo das comunicações mas também o "*tráfego,* como tal (espécie, hora, duração, intensidade de utilização)". Então, arribado nesta premissa, conclui que a exceção prevista na norma do código de processo civil contraria o segmento final do número 4, do artigo 34.º da Constituição, que consente a ingerência apenas em *matéria de processo criminal*. Por se tratar de uma restrição a um direito fundamental, argumenta o aresto que não é possível empreender um juízo de ponderação entre a sobredita ingerência e o interesse público na administração da justiça, em que radicava o preceito do CPC:

> "É a própria inviolabilidade das telecomunicações que está em causa, pelo que nunca a dispensa de confidencialidade poderia justificar a ordem de prestação de informações constantes dos sistemas informáticos de operadores de telecomunicações, *maxime* em processo de natureza cível."

E, assim, desagua no juízo de inconstitucionalidade, erigido, com o devido respeito, numa premissa que não logrou demonstrar (gizada a partir do Conselho Consultivo da PGR): a de que os *dados de tráfego* são, para efeitos de interdição de ingerência nas comunicações prevista na Constituição, equivalentes a *dados de conteúdo*, gozando da mesma proteção jusfundamental.

Ulteriormente, moldado por um enquadramento casuístico deveras distinto, o Tribunal Constitucional, não divisou, no aresto n.º 486/2009, inconstitucionalidade no número 1, do artigo 187.º do Código de Processo Penal (de 1987, na redação anterior à Lei n.º 48/2007, de 29 de Agosto) *quando interpretado no sentido de que o respetivo conteúdo abrange o acesso à faturação detalhada e à localização celular.* Para melhor compreensão importa repristinar, para o que ora releva, o teor da norma: *a interceção e gravação de conversações ou comunicações telefónicas só podem ser ordenadas ou autorizadas, por despacho do Juiz.*

No sobredito aresto, o Tribunal confrontou-se, *prima facie*, com a controvérsia atinentes aos seus poderes de fiscalização e o peticionado controlo de fiscalização da constitucionalidade fundado na pretensa inobservância do princípio da legalidade criminal. Com o fito de ultrapassar a problemática, o Tribunal circunscreveu e delimitou, do seguinte modo, o objecto do recurso:

> Ora, na linha da doutrina sustentada no acórdão n.º 183/2008 deste Tribunal (pub. no D.R., II Série, de 22-4-2008), quando o referente da norma em causa é uma realidade típica com um elevado grau de abstração, como sucede com o "acesso à faturação detalhada" e a "localização celular", as quais se mostram, aliás, parcialmente configuradas pelo legislador europeu e nacional (vide a Lei n.º 41/2004, de 18 de Agosto), os argumentos fundamentais invocados para não conhecer das eventuais violações do princípio da legalidade deixam de ter apoio.
>
> Com efeito, e ao invés do que sucede quando se pergunta se um determinado conjunto de factos concretos é ou não suscetível de subsunção num determinado tipo legal, quando se procura saber se o "acesso à faturação detalhada" ou a "localização celular" se integram nos meios de obtenção de prova excecionalmente admitidos pelo artigo 187.º, do C.P.P./87, não se está a julgar se uma expressão legal é ou não suscetível de ter como referente um determinado conjunto de factos concretos que ocorreu no caso *sub iudice*, mas sim se o referente pode ser uma realidade típica definida de forma geral e abstrata.

Subsequentemente, afirmando uma relação de especialidade entre os parâmetros 34.º, número 4 e reserva da vida privada, previsto no artigo 26.º, número 1, o Tribunal concatena o disposto no número 8 do artigo 32.º da Constituição com a interdição de ingerência nas comunicações, salientando que, *mesmo em matéria de responsabilidade criminal, os valores constitucionais da busca da verdade material e da realização da justiça têm limites, impostos pela dignidade e pelos direitos fundamentais das pessoas, que se traduzem processualmente nas proibições de prova, das quais beneficiam todas as pessoas, incluindo os suspeitos da prática de qualquer crime.*

Cotejando o artigo 34.º da Constituição, o douto aresto acentua, sem tibiezas, que a proteção constitucional se circunscreve à tutela das comunicações, argumentando que, na ausência de uma definição legal do conceito, é na legislação ordinária que se devem mobilizar subsídios para a sua integração. De seguida, o aresto reclama a *doutrina* fixada pelo Conselho Consultivo da PGR, quanto ao tríptico conceptual *dados de base, dados de tráfego e dados de conteúdo.* E uma vez mais, bastando-se com a simples convocação do pensamento perfilhado por Vital Moreira e Gomes Canotilho em douta anotação à Constituição, o aresto, afirma, sem demonstração ou fundamentação, que a proteção constitucional abrange o conteúdo e o tráfego. Sem prejuízo, do aresto resultam outros subsídios pertinentes:

> "Efetivamente, num Estado de Direito democrático, assiste a qualquer cidadão o direito de telefonar quando e para quem quiser com a mesma privacidade que se confere ao conteúdo da sua conversa.
>
> O mesmo raciocínio não vale para os elementos ou dados de base, já que, conforme assinala Costa Andrade *"a pertinência dos dados à categoria e ao regime das telecomunicações pressupõe, em qualquer caso, a sua vinculação a uma concreta e efectiva comunicação – ao menos tentada/falhada – entre pessoas"* (*ob. cit.*, p. 341),
>
> Na verdade, por exemplo, a mera identificação do titular de um número de telefone fixo ou móvel, mesmo quando confidencial, surge com uma autonomia e com uma instrumentalidade relativamente às eventuais comunicações e, por isso mesmo, não pertence ao sigilo das telecomunicações, nem beneficia das garantias concedidas ao conteúdo das comunicações e aos elementos de tráfego gerados pelas comunicações propriamente ditas (Vide, neste sentido, Costa Andrade, em *"Comentário Conimbricense do*

Código Penal", Parte Especial, Tomo III, pág. 797-798, da ed. de 2001, da Coimbra Editora).

A mesma falta de tutela constitucional no plano do sigilo das telecomunicações valerá para os dados de localização celular que não pressuponham qualquer ato de comunicação, bastando para o efeito que o telemóvel esteja em posição de *stand by*, isto é, ligado e apto para receber chamadas (Vide, neste sentido COSTA ANDRADE, em *"Bruscamente no verão passado...*, Ano 137.º, n.º 3951, Julho-Agosto 2008, p. 341).

Nesta sequência, o aresto conclui que considerando que os dados de faturação detalhada e os dados de localização celular fornecem a posição geográfica do equipamento móvel com base em atos de comunicação, na medida em que são tratados para permitir a transmissão das comunicações, *são dados de tráfego respeitantes às telecomunicações e, portanto, encontram-se abrangidos pela proteção constitucional conferida ao sigilo das telecomunicações.* O Tribunal conclui, assim, que o *acesso à faturação detalhada e a localização celular compreendidas no real conteúdo das técnicas de ingerência nas telecomunicações expressamente previstas pelo legislador no artigo 187.º, do C.P.P./87, não se revela que a interpretação normativa sindicada desrespeite o princípio da legalidade consagrado no artigo 34.º, n.º 4, da C.R.P.*.

Por último, mais recentemente, o Tribunal Constitucional rumou, novamente, a um dos ângulos da temática, no acórdão n.º 420/2017, decidindo *não julgar inconstitucional a norma que estabelece o dever de os fornecedores de serviços de comunicações eletrónicas publicamente disponíveis ou de uma rede pública de comunicações conservarem pelo período de um ano a contar da data da conclusão da comunicação, os dados relativos ao nome e o endereço do assinante ou do utilizador registado, a quem o endereço do protocolo IP estava atribuído no momento da comunicação, constante do disposto no artigo 6.º e do artigo 4.º, n.º 1, alínea a), 2.ª parte, e n.º 2, alínea b), subalínea iii), ambos da Lei n.º 32/2008 de 17 de julho.*

No caso *sub judice* tinha sido, pelo Ministério Público, pedida autorização de transmissão de dados de identificação de um utilizador, a quem estava atribuído um determinado endereço de protocolo de I.P, suspeito do crime de pornografia de menores. Porém, o M.mo Juiz de Instrução indeferiu o peticionado, recusando a aplicação do disposto no artigo 6.º da Lei n.º 32/2009 (que transpôs a Diretiva n.º 2006/24/CE do PE e do Conselho, relativa à conservação de dados gerados ou tratados no contexto da oferta de serviços de comunicação eletrónica publicamente disponíveis ou de redes públicas de comunicações), por violação do artigo 34.º, número 4 e do artigo 18.º, ambos da Constituição. O referido artigo 6.º estabelecia que os fornecedores de serviços de comunicações eletrónicas publicamente disponíveis ou de uma rede pública de comunicações *devem conservar os dados previstos no mesmo artigo pelo período de um ano a contar da data da conclusão da comunicação.*

Estavam, assim, em causa, os dados que permitem *encontrar e identificar a fonte de uma comunicação, encontrar e identificar o destino de uma comunicação, identificar a data, a hora e a duração de uma comunicação, identificar o tipo de comunicação, identificar o equipamento de telecomunicações dos utilizadores, ou o que se considera ser o seu equipamento e identificar a localização do equipamento de comunicação móvel.* Mais especificamente, o aresto delimitou o objeto, no que diz respeito ao acesso à internet *ao nome e o endereço do assinante ou do utilizador registado, a quem o endereço do protocolo IP, o código de identificação de utilizador ou o número de telefone estavam atribuídos no momento da comunicação e ao ónus de tais dados serem conservados, pelo prazo de um ano, a contar da data da comunicação.*

Após esta delimitação, o aresto empreende uma classificação do tipo de dados em causa, concluindo, na senda dos dois arestos já explanados, que os dados aqui em causa são os que o Tribunal classifica como de *dados de base*:

> "**5.** O objeto do presente recurso está relacionado com os designados «'*metadados*', usualmente definidos como 'dados sobre dados', por dizerem respeito a circunstâncias das comunicações, e não ao próprio conteúdo da comunicação» (Acórdão n.º 403/2015, ponto 9).
>
> Sobre esta matéria o Tribunal Constitucional já teve oportunidade de se debruçar, no Acórdão n.º 403/2015, esclarecendo, no seu ponto 9:
>
> «Numa concreta comunicação é possível separar do núcleo duro da informação fornecida ou transmitida um conjunto de marcos ou pontos de referência que lhe dão o respetivo suporte e que permitem circunscrever a informação sob todas as formas. Tais dados são 'informações' que acrescem aos dados e que têm como objetivo informar sobre eles, em princípio, para tornar mais fácil a sua organização. Sendo dados sobre dados ('informação sobre informação'), acabam por fornecer informação sobre a localização, tempo, tipo de conteúdo, origem e destino, entre outras, dos

> atos comunicacionais efetuados através de telecomunicações ou por outros meios de comunicação.
>
> Como categoria que tem por fim um efeito jurídico é de usar a designação 'dados de tráfego' (...) porque no nosso ordenamento jurídico já há uma definição legal desse enunciado. Com efeito, o artigo 2.º, n.º 1, alínea d), da Lei n.º 41/2004, de 18 de agosto, sobre Segurança nas Telecomunicações, define 'dados de tráfego' como 'quaisquer dados tratados para efeitos do envio de uma comunicação através de uma rede de comunicações eletrónicas ou para efeitos da faturação da mesma'.

E, considerando que estão apenas em causa *dados de base*, o Tribunal conclui que não *estão abrangidos pelo âmbito de protecção do sigilo das comunicações consagrado naquele preceito constitucional pois não pressupõe um ato de comunicação específico.*

De seguida, através de um juízo de proporcionalidade, arrimado nos artigos 18.º e 26.º da Constituição, considera o aresto que os dados de base têm *natureza relativamente pouco evasiva da privacidade, dizendo respeito à identidade do titular*, por um lado e, por outro lado, que o período de conservação de um ano afigura-se razoável face à gravidade da criminalidade que está ali a ser investigada. Como determinante para o juízo positivo de constitucionalidade, o Tribunal destaca a limitação do universo de titulares de dados sujeitos à transmissão, impondo a necessidade de autorização prévia, por despacho fundamentado do juiz de instrução, que deve respeitar os princípios da adequação, necessidade e proporcionalidade, a requerimento do Ministério Público ou da autoridade de polícia criminal competente.

É, pois, este o *iter* que, em matéria de *metadados,* vem sendo trilhado pela jurisprudência do Tribunal Constitucional. Em jeito final, explanar-se-ão alguns apontamentos, de pendor crítico: a jurisprudência aparenta estabelecer uma relação de especialidade entre os parâmetros constitucionais consignados no artigo 34.º e no artigo 26.º, no segmento alusivo à reserva da intimidade da vida privada; s.m.o. e com todo o respeito, a fundamentação aduzida para reconduzir o conceito de dados de base e de tráfego à interdição de ingerência nas comunicações é perfunctória e mostra-se exiguamente desenvolvida; no aresto n.º 420/2017, que julgou constitucional a norma que admite o acesso ao que apelida de *dados de base,* o Tribunal valorou, de forma determinante, uma série de elementos que se encontram presentes na atual Lei Orgânica n.º 4/2017, designadamente, a delimitação do universo subjetivo de aplicação da norma, a reduzida duração temporal de conservação dos dados, a consideração das finalidades prosseguidas com a medida – que considerou *valiosas* por estar em causa criminalidade que reputou de *grave* – e, finalmente, a circunstância de a autorização de acesso aos dados depender de despacho fundamentado do juiz, arrimado num juízo de adequação, necessidade e proporcionalidade.

3.5.2. O Acórdão do Tribunal Constitucional n.º 403/2015: o juízo de inconstitucionalidade sobre o número 2, do artigo 78.º do Decreto n.º 426/XII da A.R., por violação do artigo 34.º/4 da CRP

Especificamente sobre o acesso a *metadados*, por parte dos serviços de informações da República Portuguesa, o Tribunal Constitucional foi, por duas vezes, convocado a aquilatar da conformidade constitucional de tal acesso.

A primeira, por via de um pedido de fiscalização preventiva da constitucionalidade, impulsionado pelo Presidente da República, em 2015; e, a segunda, mais recentemente, no ano de 2018, na sequência de um pedido de fiscalização abstrata, subscrito por 35 deputados à Assembleia da República, que questionam os artigos 3.º e 4.º da Lei Orgânica n.º 4/2017, de 25 de Agosto, ainda sem decisão.

Vejamos, pois, o argumentário que fundou o juízo de inconstitucionalidade proferido.

O pedido de fiscalização preventiva tinha por objeto o número 2, do artigo 78.º do Decreto n.º 426/XII, da Assembleia da República (que *aprovou o Regime Jurídico do Sistema de Informações da República Portuguesa*), tendo o Tribunal, através do acórdão n.º 403/2015 (subscrito por maioria) pronunciado-se pela inconstitucionalidade da norma do número 2, do artigo 78.º do Decreto n.º 426/XII da Assembleia da República que *aprova o regime jurídico do sistema de informações da República Portuguesa*, por violação do n.º 4 do artigo 34.º da CRP.

O referido diploma propunha-se disciplinar, num único articulado, a atuação dos *serviços*, aprovando um novo regime jurídico, que estabelecia inovadores meios de atuação, entre os quais constava a norma questionada:

"Artigo 78.º

Acesso a dados e informações

1 – Os diretores e os dirigentes intermédios de primeiro grau do SIS e do SIED têm acesso a informação e registos relevantes para a prossecução das suas competências, contidas em ficheiros de entidades públicas, nos termos de protocolo, ouvida a Comissão Nacional de Proteção de Dados no quadro das suas competências próprias.

2 – Os oficiais de informações do SIS e do SIED podem, para efeitos do disposto na alínea c) do n.º 2 do artigo 4.º, e no seu exclusivo âmbito, aceder a informação bancária, a informação fiscal, a dados de tráfego, de localização ou outros dados conexos das comunicações, necessários para identificar o assinante ou utilizador ou para encontrar e identificar a fonte, o destino, a data, a hora, a duração e o tipo de comunicação, bem como para identificar o equipamento de telecomunicações ou a sua localização, sempre que sejam necessários, adequados e proporcionais, numa sociedade democrática, para cumprimento das atribuições legais dos serviços de informações, mediante a autorização prévia e obrigatória da Comissão de Controlo Prévio, na sequência de pedido devidamente fundamentado."

Embora o pedido viesse erigido sobre a integralidade do preceito, o Tribunal, procedeu a uma delimitação do objeto recursório, arredando, da sua intervenção de fiscalização da constitucionalidade, o segmento que contemplava o acesso a informação fiscal e bancária e circunscrevendo o juízo a proferir ao acesso a *metadados, enquanto dados – estruturais ou descritivos – produzidos no âmbito ou em conexão com um processo de telecomunicação, registados e conservados pelas respetivas operadoras. (ponto 6).* Mais detalhadamente, considerou o Tribunal estar em causa o poder funcional, dos serviços de informações, de aceder a *dados de comunicação* que permitiam identificar o assinante ou utilizador, a fonte, o destino, data, hora, duração e o tipo de comunicação, bem como identificar o equipamento de telecomunicações ou a sua localização.

Concatenando a jurisprudência precedente, com a Lei n.º 41/2004, de 18 de Agosto, o aresto reconduziu aqueles dados ao conceito legal de "*dados de tráfego*", previsto no artigo 2.º, n.º 1, alínea d), da Lei n.º 41/2004, de 18 de agosto, sobre Segurança nas Telecomunicações.

Nesta sequência, o Tribunal estabeleceu, do seguinte modo, a equivalência entre os dados de tráfego e os dados de conteúdo (ponto 12):

O acesso aos dados das comunicações efetivamente realizadas ou tentadas põe em causa direitos fundamentais das pessoas envolvidas no ato comunicacional. E não é apenas a invasão ou intromissão no conteúdo informacional veiculado pelos meios de transmissão (*dados de conteúdo*), que os afetam, mas também as circunstâncias em que a comunicação foi realizada (*dados de tráfego*).

Com efeito, **mesmo que não haja acesso ao conteúdo, a interconexão entre dados de tráfego pode fornecer um perfil complexo e completo da pessoa em questão – com quem mais conversa, que lugares frequenta, quais os seus horários, etc.** A verdade é que, como refere Costa Andrade, «no seu conjunto, os dados segregados pela comunicação e pelo sistema de telecomunicações se revelam, muitas vezes, mais significativos que o próprio conteúdo da comunicação em si. O que, de resto, bem espelha o interesse com que, reconhecidamente, a investigação criminal procura maximizar a recolha de *dados ou circunstâncias da comunicação,* também referenciados como *dados de tráfego*» (cfr. Bruscamente no verão passado – A Reforma do Código de Processo Penal", *Revista de Legislação e Jurisprudência,* Ano 137.º, julho-agosto 2008, pág. 338).

Isto mostra claramente que a manipulação ilegal ou ilegítima do conteúdo e das circunstâncias da comunicação pode violar a *privacidade* dos interlocutores intervenientes, atentando ou pondo em risco esferas nucleares das pessoas, das suas vidas, ou dimensões do seu modo de ser e estar. De sorte que a possibilidade de se aceder aos dados das comunicações colide com um conjunto de valores associados à *vida privada* que fundamentam e legitimam a proteção jurídico-constitucional.

Estabelecida a equivalência e, portanto, afirmada a aplicação à questão de constitucionalidade do artigo 34.º da Lei Fundamental, o aresto dirige-se para a perscrutação da parte final do número 4 do artigo 34.º, que consagra uma exceção à proibição de ingerência *nos casos previstos na lei em matéria de processo criminal.* Para o efeito, debruçou-se sobre a questão de saber se *a autorização prévia e obrigatória da Comissão de Controlo Prévio equivale ao controlo existente no processo criminal?*

Neste conspecto, o Tribunal assinala que *o preceito constitucional contempla uma previsão constitucional expressa de restrição de um direito fundamental (sigilo das comunicações) preenchendo o pressuposto material da emanação de leis restritivas a que diretamente se refere ao artigo 18.º, número 2, primeira parte da Lei*

Fundamental. Donde, afirma, daquele segmento normativo restritivo resulta que *a autorização constitucional expressa para a restrição do direito à inviolabilidade das comunicações é contemplada com a discriminação dos fins e interesses a prosseguir com a lei restritiva ou com o critério que deve balizar a intervenção do legislador ordinário* (ponto 16)*:*

Ao definir o campo de incidência da lei restritiva do direito à inviolabilidade das comunicações pela "matéria de processo criminal", a Constituição ponderou e tomou posição (em parte) sobre o conflito entre os bens jurídico protegidos por aquele direito fundamental e os valores comunitários, especialmente os da segurança, a cuja realização se dirige o processo penal. Não obstante as restrições legais ao direito à inviolabilidade das comunicações que o legislador está autorizado a estabelecer deverem obedecer à ponderação do princípio da proporcionalidade, a preferência abstrata pelo valor da segurança em prejuízo da privacidade das comunicações só pode valer em matéria de processo penal (ponto 17). *Nada autoriza, pois, a admitir uma eventual extensão do âmbito da ressalva final do n.º 4 do artigo 34.º – para a qual, aliás, o intérprete, neste contexto concreto, não dispõe de instrumentos metodológicos adequados.*

Por fim, restava ao acórdão averiguar dois aspetos: por um lado, a natureza da atividade desenvolvida pelos serviços de informações e, por outro lado, apurar se a intervenção da *Comissão de Controlo Prévio tem a virtualidade de judicializar o acesso aos dados de tráfego.*

No que tange à primeira questão, o Tribunal equacionou a admissibilidade jusfundamental de reconduzir a atuação desenvolvida pelos oficiais dos serviços, a *atividade em matéria de processo criminal.* Contudo, de forma taxativa, o Tribunal manifestou uma resposta negativa, enfatizando que a circunstância de a intervenção dos serviços ocorrer sem notícia do crime propicia o alargamento a *um universo de pessoas muito mais vasto, precisamente por não estar ainda preordenado à investigação de um facto concreto e delimitado.*

Quanto à segunda vertente *da equação,* o aresto considera que, independentemente da concreta composição, *a comissão de controlo prévio configura um órgão administrativo e neste ponto é irrelevante saber se é composta por magistrados judiciais, já que os mesmos atuam, não na veste de entidade judicial, mas como membros da referida comissão administrativa.*

Destrate, da concatenação destes elementos resultou o sobredito acórdão, que contou com uma declaração de voto e uma douta declaração de vencido.

Cotejado, de forma tendencialmente descritiva, o teor do douto aresto, cumpre, deixar refletidos alguns pensamentos críticos sobre o mesmo.

Não sendo esta a sede apropriada para desenvolver uma fundamentação alternativa à gizada no aresto, impõe-se, ainda assim, assinalar que o acórdão não empreende qualquer densificação sobre o conteúdo normativo previsto no artigo 34.º da Constituição, na parte atinente à *inviolabilidade das comunicações*. Isto é, o aresto não se dedica, estribado na literalidade e na teleologia da norma, a desenvolver subsídios para a explicitação do teor normativo da *inviolabilidade das comunicações*.

Nesta sede, explana-se a seguinte reflexão: o acórdão não convoca ou menciona, em nenhum dos diversos ângulos de fundamentação que doutamente projeta, o direito fundamental à segurança, consagrado no número 1 do artigo 27.º da Constituição. Verdadeiramente, apenas no douto voto de vencido, subscrito pelo Juiz Conselheiro Telles Pereira, se pode divisar uma menção àquele direito fundamental.

Ora, na sequência do juízo de inconstitucionalidade, o diploma de autorização legislativa caducou e a problemática ficou arredada até à recente Lei Orgânica n.º 4/2017, já cotejada.

A explanação a que supra nos dedicámos evidencia como o legislador ordinário procurou acolher os subsídios expendidos pelo Tribunal Constitucional no aresto n.º 403/2015, consagrando na sobredita Lei aqueles que considerou serem os requisitos *exigidos* pelo Tribunal. Com efeito, na Lei Orgânica em vigor pode, presentemente, encontrar-se a circunscrição do âmbito subjetivo de aplicação do procedimento a um alvo determinado (artigos 6.º), conjugado, aliás, com a interdição expressa de *aquisição de informação em larga escala, por transferência integral dos registos existentes* (artigo 9.º, número 3). De igual sorte, mostra-se agora perfeitamente delimitado o âmbito material em que o legislador admite o acesso a dados de base e de localização de equipamento (artigo 3.º) e aqueles em que autoriza o acesso a dados de tráfego (artigo 4.º), prevendo-se em qualquer dos casos uma duração máxima para o acesso requerido. Por fim, consagrou-se o controlo judicial, que o aresto enfatizara estar ausente da anterior versão legislativa (artigos 5.º, 8.º e 10.º).

Não obstante, como é sabido, uma vez mais à luz do número 4, do artigo 34.º da Constituição, 35 deputados à Assembleia da República, pediram a apreciação e declaração de inconstitucionalidade das normas constantes dos artigos 3.º e 4.º da Lei Orgânica, estando a aguardar-se a pronúncia do Tribunal.

4.
O acesso aos *metadados* pelos serviços de informações: da desnecessidade de revisão constitucional

Proposta de conformação constitucional do acesso aos *metadados* pelos serviços de informações.

4.1. Introdução às especificidades da metodologia do Direito Constitucional. Os ensinamentos de F. Muller – metodologia estruturante. Concretização da norma

> (...) a possibilidade para posições decisionistas (e tributárias do positivismo legalista) de isolar a *vontade* [do dador da norma] e colocá-la em caso de conflito acima do teor normativo metodicamente elaborado, no fundo já não é mais um problema do direito, mas uma questão do poder histórico do facto; não mais um problema da ciência do direito, mas uma questão de metafísica da história e da *ideologia prática*.
>
> FRIEDRICH MULLER

Como se teve ocasião de explanar no capítulo 3.2., o constitucionalismo encerra idiossincrasias próprias, que reclamam para o procedimento de determinação do sentido e alcance do conteúdo normativo dos preceitos constitucionais uma metodologia singular e diferenciada. Na verdade, a hermenêutica constitucional depara-se com um texto normativo condensado que, de um lado, atribui ao Estado a prossecução de tarefas com um objeto delimitado e, de outro, inscreve princípios estruturantes e norteadores de teor normativo vago e abstrato. Naturalmente que aquelas características prosseguem um *desiderato maior*: arredar a minúcia casuística confere ao texto constitucional uma *plasticidade* que fomenta a sua *longevidade*, por possibilitar a sua adaptabilidade a épocas e circunstâncias diversas, sem deturpação do escopo *original*.[75]

Cientes desta especificidade, impõe-se, para melhor resolução do problema que subjaz a esta tese, acolher os subsídios sufragados pela doutrina que se vem dedicando ao tratamento das especificidades da hermenêutica constitucional. Ora, pela aceitação que vem merecendo junto da mais autorizada doutrina (note-se que o próprio Robert Alexy nos trabalhos que desenvolve a propósito da *teoria da norma* lhe dedica um subcapítulo na sua obra *teoria dos direitos fundamentais*) e pela similitude que apresenta face ao constitucionalismo português, optou-se por empreender a tarefa, de fundamentar a constitucionalidade do acesso aos *metadados*, a partir dos ensinamentos do constitucionalista Friedrich Muller, decalcados da sua obra *métodos de trabalho de direito constitucional.*

Com efeito, o Tribunal Constitucional Português apenas, recentemente, perfez 35 anos de vigência, pelo que, se encontra ainda em sedimentação a aplicação de uma metodologia própria do direito constitucional. Por outro lado, acompanha-se o Autor no argumentário por meio do qual demonstra, de um modo geral, a *imprestabilidade*[76] das tradicionais regras de interpretação positivista para solucionar problemas jusfundamentais. Finalmente, na sobredita obra, descortinam-se inovadores subsídios para atingir o desiderato de *concretização da norma*, o que

[75] Sobre a matéria, Rui Medeiros *A Constituição Portuguesa num contexto global*, Ed. U. Católica, 2015.

[76] Friedrich Muller, *Métodos de Trabalho do Direito Constitucional*, tradução de Peter Naumann – edição especial comemorativa dos 50 anos da Lei Fundamental da República Federal da Alemanha obra citada, em concreto criticando a *in*terpretação gramática, o critério de aferição do efeito *in*tegrante, o pr*in*cípio da unidade da constituição, o quadro global de direito pré-constitucional, a força normativa da constituição e a concordância prática, págs. 61 a 74.

se nos afigura particularmente útil e pertinente para *descobrir* o conteúdo normativo dos artigos 27.º, número 1 e 34.º da Constituição, dado que dessa concretização *depende* a solução da controvérsia.

Vejamos, pois.

Edificado a partir do contexto vigente da Lei Fundamental Alemã, Friedrich Muller, assinala que[77]

os problemas de uma metodologia do direito constitucional que deve ser elaborada aqui e hoje não podem ser separados da peculiaridade dessa Lei Fundamental, dos seus teores materiais e do destino desse ordenamento constitucional na história [da República Federal da Alemanha] até aos nossos dias. O sentido histórico-político de uma constituição reside no facto de ela ser o ordenamento fundante de uma determinada sociedade, incluindo as suas forças divergentes. O direito constitucional diz respeito à fundamentação da sociedade estatalmente organizada e do seu ordenamento jurídico global.

Na Alemanha, a história do direito constitucional comprometido com os princípios do Estado liberal de direito e a democracia ainda é recente. (...) o direito constitucional, a legislação constitucional e a concretização da constituição têm a incumbência de atualizar a unidade política da associação da sociedade no estado, de fornecer fundamentos e critérios de aferição à instituição e efetivação de normas no ordenamento jurídico infraconstitucional e de assegurar, paralelamente a essa garantia de legalidade, também a geração, o reconhecimento e a preservação da legitimidade no sentido do que é aceite como conteúdo correto pela sociedade.

O Autor desenvolve o conceito de *metodologia estruturante*, enquanto metodologia jurídica que visa a *concretização*, por contraposição a *interpretação* do texto da norma, do direito e da constituição através da explanação de percursores conceitos de *norma, texto norma, programa e âmbito da norma*:

Quando juristas falam e escrevem sobre "a" Constituição, referem-se ao texto da constituição; quando falam "da" lei referem-se ao seu teor literal. Mas um novo enfoque da hermenêutica jurídica desentranhou o fundamental conjunto de factos de uma não-identidade de texto da norma e norma. Entre dois aspetos principais, o teor literal de uma prescrição justapositiva é apenas a ponta do iceberg. Por um lado, o teor literal serve de via de regra à formulação do programa da norma, ao passo que o

[77] Friedrich Muller, obra citada.

âmbito da norma normalmente é apenas sugerido como um elemento co-constitutivo da prescrição.

(...) a interpretação do texto da norma é uma componente importante, mas não o único da implementação de sinais de ordenamento normativo em casos determinados. Por isso não mais devemos falar de interpretação ou explicação, mas de concretização da norma. Uma metodologia destinada a ir além do positivismo legalista deve indicar regras para a tarefa da concretização da norma. Não pode aterrar-se nem no dogma da evidência nem no dogma voluntarista. ***Não pode conceber o processo, bem com a tarefa de realização do direito normativamente vinculado como mera reelaboração de algo já efetuado***. (destaque nosso)

A normatividade é um processo estruturado. A análise da relação entre a normatividade, por um lado e norma e texto da norma, por outro lado, prolonga-se na análise da estrutura da norma. (...)

O teor literal expressa o programa da norma, a ordem jurídica tradicionalmente assim compreendida. Pertence adicionalmente à norma, em nível hierárquico igual, o âmbito da norma, isto é o recorte da realidade social na sua estrutura básica, que o programa da norma "escolheu" para si ou em parte criou para si como âmbito de regulamentação. O âmbito da norma pode ter sido gerado (prescrições referentes a prazos, datas, prescrições de formas, regras institucionais e processuais) ou não-gerado pelo direito. (...)

No direito constitucional evidencia-se com particular nitidez que uma norma jurídica não é um "juízo hipotético" isolável diante do seu âmbito de regulamentação, nenhuma forma colocada com autoridade por cima da realidade, mas uma inferência classificadora e ordenadora a partir da estrutura material do próprio âmbito social regulamentado.

O âmbito da norma não é idêntico aos pormenores materiais do conjunto dos fatos. Ele é parte integrante material da própria prescrição jurídica. Ele não é uma soma de factos, mas um nexo formulado em termos de possibilidade real de elementos estruturais que são destacados da realidade social na perspetiva seletiva e valorativa do programa da norma e estão via de regra conformados de modo ao menos parcialmente jurídico.

Uma das traves mestras do seu pensamento reside na afirmação da indissociabilidade da norma jurídica do caso jurídico por decidir:

ambos fornecem de modo distinto, mas complementar, os elementos necessários à decisão jurídica.

Normas jurídicas não são dependentes do caso, mas referentes a ele (...). Uma norma não é (apenas) carente de interpretação porque e à medida que ela não é "unívoca", "evidente", porque e à medida que ela é destituída de clareza, mas sobretudo porque deve ser aplicada a um caso (real ou fictício). Uma norma no sentido da metodologia tradicional pode parecer clara ou mesmo unívoca no papel. Já o próximo caso prático ao qual ela deve ser aplicada pode fazer que ela se afigure extremamente "destituída de clareza". Isso se evidencia somente sempre na tarefa efetiva de concretização. ***Nela não se aplica algo pronto e acabado a um conjunto de factos igualmente compreensível como concluído.*** *O positivismo legalista alegou e continua alegando isto.* ***Mas "a" norma jurídica não está pronta nem substancialmente concluída. Ela é um núcleo materialmente circunstanciável da ordem normativa, diferenciável com os recursos da metodologia racional. Esse "núcleo" é concretizado no caso individual na norma de decisão*** *e com isso quase sempre tornado nítido, diferenciado, materialmente enriquecido e desenvolvido dentro dos limites do que é admissível no estado de Direito (determinados sobretudo pela função limitadora do texto da norma). Por meio do detalhamento e concretização recíproca da norma (nem concluída nem isolável) junto ao conjunto de fatos e do conjunto de factos junto à norma descobre-se, através de um procedimento normativamente orientado o que deve ser de direito no caso individual, em conformidade com a prescrição jurídica. Um enunciado jurídico não funciona mecanicamente. (...) A subsunção é apenas aparentemente um procedimento lógico formal; na verdade, é um procedimento determinado no seu conteúdo pela respetiva pré-compreensão da dogmática jurídica.*

Não é possível descolar a norma jurídica do caso jurídico por ela regulamentado nem o caso da norma. Ambos fornecem de modo distinto, mas complementar, os elementos necessários à decisão jurídica.

Cada decisão jurídica entra em cena na forma de um caso real ou fictício. Toda e qualquer norma só faz sentido com vista ao caso a ser solucionado por ela. A força enunciativa de uma norma para um caso é assim provocada por esse mesmo caso. Em um procedimento que ganha gradualmente em precisão por meio da verificação recíproca da prescrição jurídica considerada relevante junto aos componentes relevantes do conjunto de factos, os elementos normativos e os elementos do conjunto de facto selecionados com vista à sua reciprocidade são concretizados uns junto aos outros. A solução, isto é, a concretização da norma jurídica em norma de decisão e do conjunto de fatos juridicamente ainda não decidido em caso jurídico decidido deve comprovar a convergência material de ambos, publicá-la e fundamentá-la.(...)

A concretização jurídica não é a reelaboração de valorações legislativas; não é a reelaboração de configurações espirituais objetivamente fornecidas como orientações prévias. A norma jurídica deve regulamentar uma quinta essência indeterminada de casos jurídicos práticos, nem concluída nem suscetível de ser concluída no futuro. Tais casos jurídicos não podem nem devem ser pré "solucionados" qualitativa e quantitativamente pelo legislador.

De reelaboração de decisões legislativas só se pode falar em sentido condicionado onde se trata de teores normativogs determinados (âmbitos de normas definidos e gerados pelo direito, tais como prescrições puramente formais referentes a trâmites processuais, prazos e datas, normas sobre a composição de um tribunal). Mas a praxis sabe à saciedade que mesmo em tais casos-limite as dificuldades e a falta de clareza são inevitáveis. As competências strictiore sensu, repartidas pelo ordenamento constitucional e jurídico entre os poderes legislativo, executivo e judiciário, não são competências para a "explicação" ou "recapitulação" de textos de normas, mas sim competências para a concretização jurídica e a decisão do caso com caracter de obrigatoriedade, em cujo quadro a interpretação enquanto explicação do texto constitui um elemento certamente importante, mas apenas um elemento entre outros.[78].

Na sequência destas explicitações, F. Muller ensina que devemos destrinçar dois grupos de elementos de concretização da norma: o primeiro, atinente ao tratamento do texto da norma, que contém a formulação do programa da norma e *respeita aos recursos convocados para tratamento da norma no sentido tradicional, isto é, o tratamento do texto da norma,* o que abarca o texto da norma e a *formulação de não-normas em linguagem*[79]; num segundo grupo estão abrangidos *os passos da concretização, por meio dos quais são aproveitados os pontos de vista com teores materiais, que resultam da análise do âmbito da prescrição implementada e da análise dos elementos do conjunto de factos destacados como relevantes no processo de concretização por via de detalhamentos recíprocos.*

Para este efeito e como elemento central dos seus ensinamentos, Muller assinala a insuficiência da tradicional regra de interpretação gramatical:

O aspeto gramatical (só aparentemente unívoco) frequentemente obriga a decidir-se por um entre vários modos de utilização dos conceitos usados, entre significados na linguagem cotidiana e na linguagem jurídica e em parte também entre diferentes

[78] F. Muller, obra citada, pág. 54.

[79] F. Muller, obra citada, págs. 60 e seguintes.

significados jurídicos. Isso somente é possível porque também o método gramatical não diz respeito ao texto da norma, mas à norma. Já aqui o possível sentido da norma deve ser interpretado por antecipação, o que implica o abandono da esfera da interpretação literal de cunho filológico. (...) as prescrições referentes a direitos fundamentais, a liberdade de domicílio e a liberdade da ciência, a liberdade de ir e vir ou a liberdade de crença, consciência e confissão estão abstraídas em graus diferentemente elevados na linguagem. Isso por sua vez não deve ser creditado a maiores ou menores graus de "determinabilidade" das formulações linguísticas, mas às diferenças materiais entre as matérias garantias, à sua objetividade, ao grau de facto de terem sido geradas pelo direito e à possibilidade do seu detalhamento jurídico: em duas palavras, ***à diferença de âmbitos das normas.***

Sem prejuízo, o Autor confere à interpretação gramatical, em sede de direito constitucional, o relevantíssimo papel de *limitar a extensão da concretização juridicamente admissível*, relembrando que, *por razões ligadas ao Estado de Direito, o possível sentido literal circunscreve, não em último lugar no direito constitucional, o espaço de ação de uma concretização normativamente orientada que respeita a correlação jusconstitucional das funções. O teor literal demarca as fronteiras externas das possíveis variantes de sentido, isto é, funcionalmente defensáveis e constitucionalmente admissíveis. Outro somente vale onde o teor literal for comprovadamente viciado. O texto da norma de uma lei constitucional assinala o ponto de referência de obrigatoriedade ao qual cabe precedência hierárquica em caso de conflito.*

Então, da concatenação destes elementos empregues na *sua* metodologia estruturante resulta a seguinte síntese, que efetivaremos na secção seguinte:

Normas jurídicas não são idênticas aos seus textos de normas. O teor literal não é a lei. É a forma da lei. Em princípio a normatividade praticamente atuantes de prescrições jurídicas é co-constituída também pelo teor material do âmbito da norma. Na perspetiva vinculante do programa da norma (formulado no texto da norma) o âmbito da norma é destacado a partir dos teores materiais genéricos da esfera de regulamentação da prescrição.

O processo de implementação prática de normas jurídicas a casos jurídicos regulamentados evidencia-se estruturado. Somente em casos-limite (raros e não característicos do direito constitucional) ele pode ser compreendido como "aplicação", "inferência silogística", ou "subsunção".

A norma jurídica é mais do que o seu teor literal. O teor literal funciona, de acordo com o tipo da norma, de maneiras distintas, como diretriz e limite da concretização admissível.

A concretização da norma introduz os seguintes elementos no jogo:

a) *Elementos metodológicos strictiore sensu (interpretações gramatical, histórica, genética, sistemática e "teleológica", bem como os princípios isolados da interpretação da Constituição);*

b) *Elementos do âmbito da norma;*

c) *Elementos dogmáticos;*

d) *Elementos de teoria, de técnica de solução e de política do direito e política constitucional – não são diretamente referidos a normas e nessa medida estão restritos a funções auxiliares na concretização, de natureza hermenêutica e metodológica, não são normativamente vinculantes*[80].

4.2. A concretização da norma – o artigo 34.º, número 4 da Constituição

§ A inviolabilidade da correspondência, das telecomunicações e dos demais meios de comunicação: Programa e âmbito da norma. Exclusão dos metadados

Ancorando-nos naqueles doutos ensinamentos, propomo-nos, agora, concretizar a norma constante no número 4, do artigo 34.º da Constituição, enquadrada nas especificidades particulares que nos conduzem à tarefa de apurar se a norma interdita, como foi já entendido pelo Tribunal Constitucional, o acesso aos dados de tráfego por parte dos serviços de informações da República.

Para tanto, explicitamos que o conceito de *dados de tráfego* de que partimos é o constante na alínea d), do número 2 da Lei n.º 41/2012, de 18 de Agosto, que transpõe para a ordem jurídica nacional a Diretiva n.º 2002/58/CE, do Parlamento Europeu e do Conselho, de 12 de Julho, relativa ao tratamento de dados pessoais e à proteção da privacidade no sector das comunicações eletrónicas (com a última alteração introduzida pela Lei n.º 46/2012, de 29.08). Segundo a definição ali consignada

[80] F. Muller, obra citada, pág.s 93 a 95.

dados de tráfego são *quaisquer dados tratados para efeitos do envio de uma comunicação através de uma rede de comunicações eletrónicas ou para efeitos da faturação da mesma.*

Note-se que, no caso particular da Lei Orgânica n.º 4/2017, o conceito de dados de tráfego consagrado é exatamente o mesmo, tendo o diploma procedido ainda à distinção inovadora do conceito de *dados de base* (os dados para acesso à rede pelos utilizadores, compreendendo a identificação e morada destes, e o contrato de ligação à rede) e *dados de localização de equipamento* (os dados tratados numa rede de comunicações eletrónicas ou no âmbito de um serviço de telecomunicações que indiquem a posição geográfica do equipamento terminal de um serviço de telecomunicações acessível ao público, quando não deem suporte a uma concreta comunicação).

Em qualquer das modalidades previstas na Lei é inequívoco que, em situação alguma, os dados de tráfego (ou *metadados)* revelam elementos atinentes ao conteúdo da correspondência gerada seja através da internet, seja por via de telecomunicações.

Realizada esta precisão, importa perscrutar o texto da norma constitucional ínsita no número 4, do artigo 34.º da Lei Fundamental, para dali decalcar o seu programa e, em seguida, o seu âmbito normativo vinculante.

Do texto da norma constitucional resulta que *é proibida toda a ingerência das autoridades públicas na correspondência, nas telecomunicações e nos demais meios de comunicação.*

Constituindo (mais) um paradigmático exemplo dos ensinamentos de F. Muller, rapidamente constatamos que do teor gramatical da norma não decorrem subsídios significativos para a compreensão da sua normatividade. Na verdade, ainda que linguisticamente revestida de mediana clareza e univocidade, a circunstância de ali estarem descritos componentes quer gerados, quer não gerados pelo Direito, retiram quase total eficácia à pré-compreensão do texto da norma, compelindo, por isso, o intérprete para o empreendimento de uma tarefa indagativa de concretização da norma através do descobrimento do que seja *o seu programa e* seu *o âmbito.*

O horizonte visual da norma transporta, por via da metodologia estruturante, o nosso enfoque indagativo para o *programa* da norma: *a inviolabilidade da correspondência.*

Ora, é a partir do decalque do sobredito programa da norma constitucional que, perscrutando os elementos da realidade social que o *programa* da norma selecionou e valorou, de modo, pelo menos parcialmente jurídico, logramos atingir um fecundo âmbito da norma: *a proibição de ingerência na correspondência, nas telecomunicações e os demais meios de comunicação.* Como é bom de ver, a circunstância de aquele âmbito da norma conter diversas partes integrantes não geradas pelo Direito, como sejam, *correspondência, telecomunicações e meios de comunicação,* agudiza a premência da empreitada.

Por outras palavras, importa estabelecer se o *âmbito* da norma é apenas a tutela – na vertente de interdição de ingerência – das comunicações e, se por isso, os *metadados* – que não comportam dados de conteúdo – estão excluídos do âmbito material vinculante da norma constitucional. Para tanto, cumpre proceder a uma verificação recíproca da coincidência da prescrição jurídica considerada relevante com as componentes relevantes do conjunto de factos aqui em causa – os dados de tráfego.

Desde logo, empreendendo esse detalhamento, verificamos que os *metadados ou dados de tráfego* não se inscrevem na tríade de corporizações de *correspondência* que o legislador constituinte identificou na norma como sendo invioláveis. Em concreto, o legislador afirmou invioláveis *a correspondência, as telecomunicações e os demais meios de comunicação.*

Na verdade, cotejando a seleção do recorte social que o legislador consagrou no texto da norma verifica-se, inequivocamente, que dali arredou os *metadados,* que não consentem aproximação a nenhuma das sobreditas arestas do triângulo. *Metadados* não constituem *correspondência,* não são *telecomunicações* e não são reconduzíveis a outro *meio de comunicação,* como supra se demonstrou. Por outro lado, cumpre assinalar que o legislador constitucional democrático está, desde a génese da Constituição em vigor, familiarizado com o que sejam *dados,* tendo destrinçado e autonomizado a tutela que, no artigo 36.º da Constituição, confere a dados, cuja autonomização face ao âmbito da norma do número 4, do artigo 34.º é, também, por isso evidente.

A inviolabilidade prescrita no número 4 do artigo 34.º da Constituição respeita, por isso, à *palavra escrita e à palavra falada,* intrínsecas de um processo comunicacional. *Metadados,* dados de tráfego e dados de internet, mesmo que gerados *na sequência* e *por causa de* um processo comunicacional, não correspondem ao âmbito normativo vinculante da norma, na medida em que não expõem qualquer indício, sequer perfunctório, sobre o teor ou o conteúdo desse processo comunicacional, que constitui o âmago da tutela constitucional. Somente *a palavra escrita e a palavra falada* são suscetíveis da ingerência interditada pela Constituição, já não os *metadados* que, enquanto *dados de dados*, não consentem asserções sobre o teor da *correspondência, das telecomunicações ou de outros meios de comunicação* protegidos pelo preceito.

Os *metadados* revelam apenas a mesma informação obtida a partir de vigilâncias e seguimentos. Em bom rigor, nem é exatamente assim: vigilâncias e seguimentos revelam, com imediação, *quem falou com quem, quem se encontrou com quem*, onde e durante quanto tempo; contudo, os *metadados*, na medida em que apenas individualizam o processo comunicacional entre contactos telefónicos ou IP's da rede internet, ainda carecem de ulterior indagação para efeitos de determinação do nexo de ligação entre aqueles elementos e o seu efetivo utilizador. Ora, ousa-se aventar: ninguém sustentará que vigilâncias ou seguimentos, levados a cabo pelos órgãos de polícia criminal, no âmbito de um processo penal, constituem *correspondência ou comunicações*, para efeitos de proibição constitucional de ingerência.

Donde, verdadeiramente e independentemente da concreta prescrição jurídica constante quer na vigente Lei Orgânica n.º 4/2017, quer no pretérito número 2 do artigo 78.º do Decreto n.º 426/XII da Assembleia da República, quer ainda noutra qualquer normação consignada no direito a constituir, parece-nos inquestionável que os dados de tráfego se encontram arredados do âmbito da norma.

Por outras palavras, afigura-se-nos que, apenas quando ocorre o acesso, a relevação ou o conhecimento, por um terceiro *estranho* ao eixo emissor-recetor, do conteúdo do processo comunicacional subjacente, é que se verifica a interditada ingerência. Nesta medida, o acesso a *metadados*, por nada relevar sobre o teor do processo comunicacional, é inidóneo para atingir a proibição que obsta à ingerência na correspondência.

Para sustentar o inverso, torna-se necessário desenvolver uma conceção de dados que não encontra arrimo no âmbito da norma e/ou correlacionar esse conceito alargado de dados com outro parâmetro constitucional, a reserva da vida privada. Esse argumentário, porém, não só *despreza*, por completo, o programa e o âmbito da norma constitucional, como ultrapassa a extensão da concretização juridicamente admissível face ao texto da norma, isto é, retira ao teor literal da norma a sua idoneidade para demarcar as fronteiras extremas das possíveis variantes de sentido.

Além disso, suscita-nos também as seguintes reflexões críticas, que passamos a explanar.

Em relação ao primeiro aspeto: através do estabelecimento de um conceito de dados entendido, de acordo com a doutrina preconizada por Catarina Sarmento e Castro, como *qualquer informação relativa a uma pessoa singular identificada ou identificável, considerando-se identificável todo aquele que possa ser identificado direta ou indiretamente, nomeadamente por referência a um número de identificação ou a um ou mais elementos específicos da sua identidade física*[81], *psicológica, psíquica* tem-se sustentado a mobilização do número 4, do artigo 34.º da Constituição para solucionar o problema. Contudo, a sobredita conceptualização não encontra suporte no texto da norma constitucional, nem no seu âmbito ou programa. Por outro lado, tal conceito é até mais abrangente do que a noção de *metadados*, que não expõem, sem mais e de imediato, qualquer elemento específico sobre a identidade física, psicológica ou estado de ânimo do intercetor e do recetor.

Em segundo lugar, aquela conceptualização procede a uma expansão, significativa, do programa da norma constitucional, colocando-o numa indesejável e infundada, intersecção com o parâmetro constitucional previsto no número 1, do artigo 26.º da Constituição. Sucede que, a preconizada intersecção ou zona de sobreposição do âmbito normativo das normas carece de demonstração. Na verdade, afigura-se-nos que *reserva da vida privada* e *inviolabilidade das comunicações* não se confundem nem entrecruzam[82], pois o âmbito normativo vinculante do número 4 do artigo 34.º da Constituição constitui uma norma *especial* face à prescrição jurídica acolhida no número 1, do artigo 26.º da Lei Fundamental.

Finalmente, também não é rigoroso estabelecer um paralelismo *tout court* entre o artigo 34.º da Constituição e os parâmetros *idênticos* constantes quer na Convenção Europeia dos Direitos Humanos, quer

[81] Catarina Sarmento e Castro, *in Comentário ao artigo 8.º da Carta dos Direitos Fundamentais da União Europeia Comentada"*, Ed. Almedina, Coimbra, 2013.

[82] Paulo Mota Pinto, *in Direitos de Personalidade e Direitos Fundamentais – Estudos*, Ed. Gestlegal, pág. 596 assinala que, no artigo 34.º da Constituição, apenas indiretamente está em causa a reserva da vida privada.

na Carta dos Direitos Fundamentais da União Europeia. Com efeito, a carta dos Direitos Fundamentais da União Europeia não contempla qualquer *inviolabilidade da correspondência*, pois que, o artigo 7.º o que estabelece é *um direito ao respeito pela vida privada e familiar, pelo domicílio e pelas comunicações*. Subsequentemente, o artigo 8.º da Carta consagra a *proteção de dados pessoais*, norma cujo programa e âmbito antes se *aproxima* do artigo 35.º da Constituição Portuguesa e não do artigo 34.º. Por seu turno, sob a epígrafe, *direito ao respeito pela vida privada e familiar*, a Convenção colocou *sob o mesmo chapéu* a consagração de um direito ao respeito da vida privada e familiar, do seu domicílio e da correspondência, estabelecendo no número 2, a admissibilidade de ingerência em termos deveras distintos – e que se podem apelidar de *mais latos* – daqueles previstos na segunda parte, do número 4, do artigo 34.º da Constituição: *não pode haver ingerência da autoridade pública no exercício deste direito senão quando esta ingerência estiver prevista na lei e constituir uma providência que, numa sociedade democrática, seja necessária para a segurança nacional, para a segurança pública, para o bem – estar económico do país, a defesa da ordem e a prevenção das infrações penais, a proteção da saúde ou da moral, ou a proteção dos direitos e das liberdades de terceiros*.

Aliás, convém recordar, tal como tratado no ponto 2.3 deste trabalho, que a jurisprudência prolatada quer pelo TEDH, quer pelo TJUE não só consentem o acesso a *metadados* por parte dos serviços de informações, como até, precisamente porque estribado em razões de *segurança nacional*, o acesso a interceções telefónicas por parte dos serviços de informações.

Ilustrativo e eloquente, para demonstrar a exclusão dos *metadados* do âmbito vinculante da norma constitucional, é o segmento do acórdão do TJUE comumente denominado *TELE 2* (proferido no processo n.º C-2013/15 e C-687/15, disponível no site do Tribunal), que ora se respinga:

> "(...) os dados, que os prestadores de serviços de comunicações eletrónicas devem conservar, permitem encontrar e identificar a origem de uma comunicação e o seu destino, determinar a data, a hora, a duração e o tipo de uma comunicação, o equipamento de comunicação dos utilizadores, bem como localizar o equipamento de comunicação móvel. (...)
>
> **Tal regulamentação não autoriza a conservação do conteúdo de uma comunicação e, por conseguinte, não é suscetível de violar o conteúdo**

essencial dos referidos direitos consagrados nos artigos 7.º e 8.º da Carta dos Direitos Fundamentais da União Europeia." (destaque nosso)

4.3. O artigo 26.º, número 1 da Constituição: a reserva da intimidade da vida privada

§ Os metadados e a ingerência na reserva da intimidade da vida privada

Apesar de arredada a aplicação, à questão controvertida, do artigo 34.º, número 4 da Constituição, não pode deixar de se intuir, face ao teor dos argumentos supra desenvolvidos, que é nossa opinião que a solução, para o problema a que nos vimos dedicando, demanda a mobilização de um outro parâmetro constitucional.

Referimo-nos, na senda da jurisprudência do TJUE imediatamente acima citada, à *reserva da intimidade da vida privada*, consignada no inciso do número 1, do artigo 26.º da Constituição.

A tutela da reserva da vida privada encontra igualmente, como se teve ocasião precedente de precisar, consignação no artigo 8.º da Convenção Europeia dos Direitos Humanos, estabelecendo que *qualquer pessoa tem direito ao respeito da sai vida privada e familiar, do seu domicílio e da sua correspondência*, sendo que, *não pode haver ingerência da autoridade pública no exercício deste direito senão quando esta ingerência estiver prevista na lei e constituir uma providência que, numa sociedade democrática, seja necessária para a segurança nacional, para a segurança pública, para o bem-estar económico do País, a defesa da ordem e a prevenção das infrações penais, a proteção da saúde ou da moral ou a proteção dos direitos e das liberdade de terceiros.*

Ora, *definir com rigor "privacidade" é uma tarefa que parece raiar os limites do impossível*, assinala Paulo Mota Pinto[83]. Por isso, defende aquele Autor, a concretização do programa da norma deve empreender-se através da determinação do *interesse subjacente* ao texto da norma. *Assim, seguindo Raymond Wacks poderíamos dizer que esse interesse é o de evitar ou controlar a tomada de conhecimento ou a revelação de informação pessoal.* Além disto, Paulo Mota Pinto adita outros dois interesses subjacentes à normatividade:

[83] Paulo Mota Pinto, *Direitos de Personalidade e direitos fundamentais – estudos*, pág. 503.

o interesse na subtração à atenção dos outros (anonimato num sentido lato) e o interesse em excluir o acesso físico dos outros a si próprio (solitude)[84].

Explicita, então, o citado Autor o seu contributo, que acompanhamos, a propósito da densificação do conteúdo normativo do preceito:

> *A vida privada parece, antes demais, contrapor-se à vida pública. (...)*
>
> *(...) o critério adotado não deve ser exclusivamente o do lugar, apesar de este ser um elemento importante a considerar. Não nos referimos, pois, à vida pública, contraposta à vida privada, apenas no sentido daquele que decorre em público ou em lugares públicos. Episódios da vida privada que devem ser objeto de tutela (por exemplo, conversas particulares) podem desenrolar-se em lugares públicos (por exemplo, num restaurante), tal como, por outro lado, episódios pertencentes à vida pública podem ter como palco lugares privados. (...)*
>
> *Que aspetos serão, em geral, de incluir na informação relativa à vida privada de uma pessoa?*
>
> *Antes de mais, a sua identidade, isto é, o seu nome e outras marcas ou sinais de identidade, além de dados pessoais como filiação, residência ou número de telefone. O estado de saúde da pessoa faz também parte, sem dúvida, da sua vida privada, bem como a vida conjugal, amorosa e afetiva do indivíduo. (...)*
>
> *Diga-se, também, que certos eventos da vida de uma pessoa como, por exemplo, os relacionados com a situação financeira fazem parte da sua vida privada, bem como os seus passatempos, locais e dias de férias. A pessoa tem em relação a estes acontecimentos, desde que sejam pessoais (também v.gr. encontros com amigos, deslocações, saídas e entradas em casa) um interesse de privacidade.*

Como resulta evidente, o interesse do detalhamento do que possa descortinar-se como o *âmbito* da norma, radica no paralelismo decorrente do que se acima se descreveu com as informações geradas pelos *metadados*. Com efeito, a concatenação e análise de *metadados* permite – isso é indiscutível – a construção de um *mapa* de rastreamento do visado, edificando a construção de uma série de inferências sobre as suas rotinas, as suas condutas pública e privada, os locais frequentados e os contactos *privilegiados* ou ocasionais do visado.

Por outras palavras, ainda que sem acesso ao conteúdo das comunicações ou das pesquisas realizadas na internet, os *metadados* atingem,

[84] Paulo Mota Pinto, obra citada, pág. 507.

de forma relevante, a tutela da esfera da vida privada, num grau de intromissão idêntico ao decorrente de ações de vigilância, perpetradas por órgãos de polícia criminal, ou decorrente dos sistemas de segurança e vigilância instalados em residências, estabelecimentos comerciais ou casinos. Aliás, no caso dos sistemas de videovigilância, que admitem o registo de voz e que pululam sem conhecidos entraves constitucionais, as entidades que acedem aos mesmos não se encontram, sequer, investidas da representatividade pública, legalmente reconhecida aos oficiais de informações dos serviços. Por outro lado, na medida em que consentem o registo de imagem e som, os referidos sistemas autorizam o estabelecimento de inferências sobre a atuação relacional do visado com terceiros, que os *metadados*, por si só, não alcançam – a videovigilância consente, por exemplo, inferências sobre se o relacionamento interpessoal estabelecido foi cordato, agressivo, se o tom de voz utilizado denunciava familiaridade ou informalidade entre o visado e terceiros, etc, ou seja, materializa a sobredita *quebra do anonimato* de modo significativo.

Precisamente a propósito da instalação de equipamentos eletrónicos de controlo e vigilância, o Tribunal Constitucional proferiu dois relevantes arestos (ambos disponíveis no site do TC), os acórdãos n.º 207/03 e 255/02, por meios dos quais afirmou que tais equipamentos comportavam *uma limitação ou restrição do direito à reserva da vida privada, consignado no artigo 26.º, número 1, matéria atinente a direitos, liberdade e garantias.*

Donde, estabelecido que os *metadados* consubstanciam uma postergação do direito constitucional à intimidade da reserva da vida privada, deparamo-nos por isso, ao cotejar a Lei Orgânica n.º 4/2017, de 25 de Agosto ou outra de idêntico teor, com uma restrição a um direito fundamental, cuja admissibilidade deve aquilatar-se à luz do disposto no número 2, do artigo 18.º da Constituição.

§ Do juízo de constitucionalidade resultante da concatenação dos artigos 27.º, número 1, 26.º, número 1 e 18.º, número 2, todos da Constituição

De acordo com o trilho por nós percorrido, enfrentamos, de um lado, o acesso aos *metadados*, por parte dos serviços de informações, enquanto instrumento de efetivação do direito à segurança, que ao Estado compete acautelar (artigo 27.º, número 1 da Constituição) e, do outro, a circunstância de um tal acesso acarretar umas postergação do direito à reserva da intimidade da vida privada, ínsito no número 1, do artigo 26.º da Constituição.

A admissibilidade da restrição de um direito constitucionalmente protegido por uma norma que visa dar cumprimento a outro valor constitucionalmente relevante demanda a realização de um juízo de proporcionalidade, nos termos previstos no número 2, do artigo 18.º da Constituição. Com efeito, estabelece o número 2, do artigo 18.º da Constituição que se uma normação interfere com um direito, restringindo-o, torna-se necessário divisar na própria Lei Fundamental a fundamentação para a limitação em causa, que se deve ater ao necessário para salvaguarda de outros direitos constitucionalmente protegidos.

Importa, por isso, sujeitar a pretensão de acesso a *metadados*, com as características espelhadas na vigente Lei Orgânica, a um controlo de proporcionalidade.

O número 2, do artigo 18.º da Constituição funda-se na prossecução de uma dinâmica relacional equilibrada entre um determinado objetivo, a ser alcançado por uma atuação do poder público interferente com outros interesses tutelados e os meios empregues para esse efeito. Nas palavras acolhidas no acórdão n.º 332/2019 do Tribunal Constitucional *assenta esta ideia num modelo de controlo, que pressupõe uma aferição faseada do sentido da medida lesiva na sua interação com o interesse afetado, realizado através de "testes específicos", destinados a captar a essência significativa e atuante do princípio. É assim que se fala, referenciando esses testes de concretização, do princípio da proporcionalidade, em adequação, necessidade e proporcionalidade em sentido estrito.*

Debruçando-nos sobre o primeiro dos requisitos, a *adequação*, cumpre sindicar a aptidão objetiva da medida de acesso aos *metadados* para a prossecução de um fim público legítimo, arredando-se condutas lesivas inidóneas para a realização de tal fim. Em concreto, está em causa a prossecução da segurança, de pessoas e bens, colocada em crise pelo terrorismo. O acesso aos *metadados* de pessoas sobre quem recaia a suspeita de envolvimento em atividades terroristas afigura-se adequado ao fim prosseguido, na medida em que tais dados consentem o estabelecimento de importantes inferências *denunciadoras* de indícios de envolvência com atividades terroristas, como sejam, o núcleo de indivíduos contactados pelo visado, os locais frequentados (decorrentes dos dados de localização) e até, nessa medida, a *denúncia* do local ou evento selecionado como *alvo*, fornecendo relevante informação apta à obstaculização da prática de atos terroristas.

Julgando-se adequada a medida ao fim visado, importa apurar se a mesma é *necessária*, isto é, perscrutar se a atuação estabelecida na lei constituiu *a menor desvantagem possível* ou se, pelo contrário, podia ter sido acolhido um outro meio igualmente eficaz e menos desvantajoso para a reserva da intimidade da vida privada. Neste conspecto, na tarefa de aquilatar se, de entre as alternativas possíveis de igual eficácia, a escolhida é a *menos lesiva* há que fazer intervir a liberdade de conformação do legislador. Ora, considerando que os *metadados* se encontram num patamar de danosidade *abaixo* do das interceções telefónicas e que, em circunstância alguma, revelam dados de conteúdo sobre as conversações estabelecidas pode concluir-se que se mostra observado aquele desiderato. Na verdade, como se teve já ocasião de precisar, os *metadados*, na medida em que não consentem imediação com o processo comunicacional em curso e do qual decorrem (veja-se que a lei expressamente interdita a ligação em tempo real às redes de comunicações eletrónicas) e que o estabelecimento de inferências e deduções depende sempre de um ulterior procedimento analítico e concatenado (o já referido ciclo de produção de informações), afiguram-se, até, menos invasivos do que os elementos recolhidos por sistemas de videovigilância, que autorizam o registo e gravação de imagens e voz.

Ultrapassado o *teste da necessidade*, subsiste apurar se a intensidade da interferência, gerada pela postergação do direito à reserva da intimidade da vida privada, acarretou um *desequilíbrio intolerável*, na expressão do sobredito aresto.

A resposta, adianta-se, é negativa.

A disciplina inscrita na Lei Orgânica mostra-se norteada pelos seguintes pontos cardeais:

i) O acesso a *metadados*, na aceção de *dados de tráfego*, é circunscrito à produção de informações direcionadas à prevenção de atos de espionagem e terrorismo, ou seja, factos reconhecidos, nacional e internacionalmente, como muito graves e particularmente disruptivos das sociedades democráticas edificadas sobre a noção de Estado de Direito Democrático. Com efeito, o terrorismo é, presentemente, responsável por ceifar a vida a centenas de pessoas em território europeu, não distinguindo mulheres, crianças ou pessoas particularmente vulneráveis. A aleatoriedade é, precisamente, uma das suas mais impressivas características e, nessa medida, um dos seus maiores riscos. Por outro lado, como supra se mencionou, não pode escamotear-se a interligação entre o terrorismo e outras formas particularmente graves de criminalidade, como sejam o tráfico de armas, de mulheres e de droga. De igual sorte, a polivalência e fragmentariedade do fenómeno, que tanto pode ser perpetrado por um grupo de indivíduos como por *lobos solitários*, agudiza as dificuldades em matéria de prevenção e investigação e demanda uma constante e eficaz troca de informações quer entre os serviços de informações congéneres, quer com os órgãos de polícias criminal, quer com os serviços prisionais. O acesso a *metadados* é um dos veículos que, de forma eficaz e idónea, materializa essa imprescindível troca de informações.

ii) O acesso aos *metadados* está exclusivamente dependente de um pedido, impulsionado pelos serviços de informações, formulado por escrito. O pedido deve vir acompanhado da identificação da operação concreta em que se insere, da descrição circunstanciada e detalhada dos fatos que suportam o pedido, das finalidades que o fundamentam e das razões que justificam a medida peticionada. Além disso, o pedido deve incidir sobre uma pessoa ou pessoas, caso sejam conhecidas e não é admitida a *monotorização em tempo real* e a aquisição de informação em larga escala por transferência integral de registos existentes. Verifica-se, assim, que é significativo o esforço de fundamentação que é exigido para autorizar o sobredito acesso.

   Por outro lado, o detalhamento dos factos, finalidades e razões propicia um efetivo controlo da necessidade e adequação do peticionado.

iii) A medida de acesso tem uma duração temporal máxima previamente definida, admitindo-se a sua prorrogação por uma única vez e por período igual ao inicial, perfazendo a duração máxima de 6 meses. Este período, considerando a complexidade do tema e possíveis ramificações do fenómeno, afigura-se adequado e proporcionado.

iv) O acesso aos *metadados* depende sempre, sem exceção, de autorização judicial. Recorde-se que, neste particular, embora advogue que o controlo judicial corresponde *à melhor via de fiscalização,* a jurisprudência do TEDH *basta-se,* em matéria de acesso a interceções telefónicas, com um controlo realizado por uma entidade *administrativa,* conquanto se apresente independente face aos serviços de informações.

v) Os dados obtidos estão sujeitos ao regime de proteção especial conferido pelo regime de dados pessoais do SIRP, sendo a sua utilização e conservação supervisionada pela Comissão de Fiscalização de Dados do SIRP.

Constata-se, por isso, que também o princípio da justa medida (proporcionalidade *em sentido estrito*), que demanda que as medidas adotadas se não revelem excessivas ou desproporcionadas para alcançar o fim pretendido, se encontra respeitado.

Em síntese, as principais linhas conformadoras da vigente disciplina legal de acesso aos *metadados* observam a generalidade dos requisitos que vêm sendo exigidos pela jurisprudência do TEDH e do TJUE em matéria de **interceções telefónicas** levadas a cabo pelos serviços de informações europeus. Ora, *metadados* e dados de conteúdo, obtidos por via de interceções telefónicas, não se confundem e não consentem o estabelecimento de um paralelismo, pois a danosidade e o grau de ingerência provocado por estes últimos é significativamente superior àquela desencadeado pelo acesso a *dados de dados.*

A estratégia nacional de combate ao terrorismo, vigente em Portugal, a compreensão e o reconhecimento do terrorismo como uma ameaça, transnacional, difusa e grave para o Estado de Direito, são premissas que não podem ser arredadas do argumentário justificativo da necessidade, adequação e proporcionalidade do sobredito acesso.

Do mesmo modo que o esbatimento de fronteiras físicas entre os Países da União Europeia fomenta um sentimento de pertença e identificação com a *nacionalidade europeia* – que constitui um fator essencial para a manutenção da paz em território europeu – também a solidariedade entre Portugal e outros países da União Europeia que enfrentam, com maior eminência, o fenómeno, não pode esmorecer pela circunstância de, até à data, não se registarem vítimas portuguesas do fenómeno, por atos praticados em território nacional.

Prevenir a ocorrência de atos terroristas é o escopo subjacente à autorização legal de acesso a *metadados*, pelo que a sua legitimação deve prescindir de uma futura e concretizada atuação terrorista em território nacional.

Conclusões

1. A génese deste trabalho radica na questão de saber se a Constituição interdita a consagração legal do acesso a *metadados* (isto é, *dados de dados*) pelos oficiais dos Serviços de Informações da República Portuguesa, em matéria de prevenção do terrorismo e espionagem.
2. A resposta ao problema demandou, antes de mais, o cotejo do arquétipo português dos serviços de informações, com particular menção para a evolução, ou falta dela, das atribuições legais cometidas aos serviços de informações.
3. Neste conspecto, *enfrentou-se* a asserção – evidente – de que todo o regime constitucional e legal se encontra erigido sobre uma atitude de desconfiança, cuja génese não pode deixar de se associar à atuação criminosa desenvolvida pela PIDE/DGS, até Abril de 1974.
4. Esse antecedente projeta-se no tempo hodierno e perpetua-se na memória coletiva do País, redundando na consagração de um arquétipo legal dos serviços de informações eivado de antinomias e ambivalências, por parte de um legislador que, de um lado, enfaticamente e pela negativa, delimita as atribuições dos serviços e, de outro lado, confere-lhes meios de atuação próprios de órgãos de polícia criminal.
5. Sendo inquestionável que os serviços de informações não detém a natureza de órgão de polícia criminal, cuja legitimidade de iniciativa da intervenção decorre, tendencialmente, do conhecimento da notícia do crime, importa encontrar um espaço legal que legitime,

enquadre e circunscreva a atuação dos serviços de informações no patamar que, imediatamente, antecede a *notícia do crime*; isto é, fazer retroceder a sua intervenção ao *patamar da prevenção* da suspeita da prática dos crimes de terrorismo e espionagem e, por conseguinte, conferir-lhes meios de atuação idóneos para a prossecução desse desiderato. Esta delimitação afigura-se fulcral para um efetivo controlo da atuação dos serviços de informações.

6. Urge, por isso, superar as sobreditas antinomias, através do empreendimento de uma discussão pública sobre a *natureza jurídica* dos serviços de informações, destinada a materializar-se, primordialmente, no plano do *direito a constituir* na construção de um novo arquétipo.
7. Presentemente, encontra-se em vigor a Lei Orgânica n.º 4/2017 (de 25 de Agosto) que *regula o procedimento especial de acesso* a *metadados* por parte dos oficiais do SIS e do SIED, de forma detalhada e aprofundada, sendo notória a preocupação do legislador de incorporar, no texto da Lei, os entraves que, anteriormente, o Tribunal Constitucional divisara a propósito do sobredito acesso.
8. Não obstante, a Lei Orgânica foi objeto de um pedido de fiscalização de constitucionalidade, desencadeado em 2018 e que se encontra pendente no Tribunal Constitucional.
9. O referido pedido corresponde à segunda vez que a matéria, embora acolhida no plano infraconstitucional na sequência de um significativo consenso parlamentar, é objeto de controlo constitucional, o primeiro dos quais redundou na prolação de um juízo de inconstitucionalidade, expresso no acórdão n.º 403/2015, subscrito por maioria, com um voto de vencido.
10. Donde, uma vez que o tema mantém pertinência e atualidade, afigura-se útil, agora que se acham volvidos 40 anos sobre o fim de atuação da PIDE/DGS, desenvolver um argumentário que fundamente o alcance de um equilíbrio entre o imperativo, acometido ao Estado, de assegurar a segurança coletiva, de um lado e o respeito, intransigente, de direitos fundamentais individuais, como sejam a reserva da intimidade da vida privada e a inviolabilidade das comunicações, de outro.
11. Para isso, reputou-se relevante perscrutar subsídios quer nas soluções legais gizadas em países como Espanha, França, Inglaterra

e Alemanha, quer na forma como a jurisprudência do Tribunal Europeu dos Direitos Humanos e do Tribunal de Justiça da União Europeia vem aquilatando da conformidade da atuação dos serviços de informações e dos órgãos de polícia criminal em matéria de segurança nacional e prevenção e combate ao terrorismo, com os parâmetros inscritos na Carta dos Direitos Fundamentais da União Europeia e na Convenção Europeia dos Direitos Humanos.

12. A maioria dos países da União Europeia autonomiza os serviços de informações das entidades com funções policiais, estabelecendo a destrinça em função das matérias a cargo de cada um, destacando-se que, em território europeu, pulverizam-se serviços de informações com acesso a interceções telefónicas, sem necessidade de prévio controlo judicial e mediante autorização de órgãos pertencentes ao Executivo. Por outro lado, a vigilância e fiscalização da atuação dos serviços de informações realizam-se, tendencialmente, por via de controlo parlamentar, que supervisiona a afetação dos recursos orçamentais e as medidas e operações concretamente levadas a cabo.
13. No que tange à jurisprudência do TJUE e do TEDH *a malha* não é particularmente apertada, dado que a jurisprudência vem julgando conforme, com a CEDH e com a CDFUE, o recurso a *provas secretas*, algoritmos, *bulk interception* e interceções telefónicas autorizadas por elementos do poder executivo e fiscalizadas por comissões independentes, de natureza não judicial.
14. Na verdade, no plano europeu, a ênfase é colocada, não no tipo de prerrogativas e instrumentos de atuação disponibilizados aos serviços de informações, mas na fiscalização ulterior da sua atuação.
15. Curiosamente, os vários postulados firmados na jurisprudência europeia, perscrutada com detalhe neste trabalho, encontram-se presentes e foram incorporados na disciplina legal inscrita na Lei Orgânica n.º 4/2017.
16. Cotejado o plano europeu, seguiu-se o tempo de nos dedicarmos à densificação dos dois parâmetros constitucionais pertinentes para solucionar a questão: o artigo 27.º, número 1 e o artigo 34.º, número 4 da Constituição.
17. Preliminarmente, para melhor compreensão dos desafios com que a hermenêutica constitucional se depara, considerou-se relevante

explanar perfunctórias considerações sobre o constitucionalismo, direitos fundamentais e o pensamento de Robert Alexy e Ronald Dworkin, a propósito da dialética de tensão em que se entrecruzam o parlamentarismo e o controlo da constitucionalidade, com a *última palavra* cometida ao Tribunal Constitucional, que tem, no tema subjacente a este trabalho, particular projeção.

18. Regressando à Constituição Portuguesa, assumiu-se o desiderato de, após exposição do *estado da arte* a propósito do direito fundamental à segurança, aventar um contributo autónomo para a dogmática do artigo 27.º, número 1, estribado na insatisfação gerada pelas respostas, a este respeito, preconizadas pela doutrina.
19. Neste conspecto, sustentou-se que o artigo 27.º, número 1 da Constituição, encerra um direito fundamental à segurança (e não uma condição de garantia de exercício do direito à liberdade), de natureza independente face ao direito fundamental à liberdade, natureza essa que demanda a sua convocação, como parâmetro constitucional autónomo.
20. Não sendo o seu conteúdo normativo suscetível de apreensão apriorística, advogou-se que deve o intérprete reconduzi-lo ao conceito, desenvolvido por Robert Alexy, de direito a *ação normativa,* isto é, aquele cujo objeto prescritivo é uma ação normativa dirigida ao Estado, a quem compete emanar atos estatais de criação de normas.
21. Donde, considerando que o *direito a algo* radica na dinâmica correlacional que se estabelece entre a tríade *titular, destinatário e objeto,* defendemos que o direito fundamental à segurança acarreta um *halo* meramente coletivo, destinado a assegurar a segurança coletiva e comunitária, para o que compete ao Estado produzir medidas estaduais, também de carater organizacional, idóneas para a proteção da esfera de segurança coletiva, como sejam, precisamente, a Lei Orgânica n.º 4/2017.
22. No que tange ao artigo 34.º da Constituição, explanou-se a axiologia e dimensão normativa que a doutrina e a jurisprudência constitucional lhe vêm conferindo, o que se empreendeu, essencialmente, com o fito de demonstrar e enfatizar que a *danosidade social* que as interceções telefónicas necessariamente acarretam não consente transposição para o nível de ingerência, deveras mais mitigado, decorrente do acesso a *metadados*, pois que, estes últimos, em circunstância alguma,

comportam elementos de conteúdo das comunicações, da correspondência ou das pesquisas realizadas na internet.

23. Então, estabelecida a teleologia e o alcance dos artigos 27.º, número 1 e artigo 34.º da Constituição, desenvolveu-se um argumentário idóneo a evidenciar que o acesso aos *metadados*, pelos serviços de informações da República Portuguesa, não se acha, em abstrato e sem mais, interditado pela Constituição.
24. Para tanto, por um lado, arredou-se a aplicação do artigo 34.º da Constituição, demonstrando que os *metadados*, enquanto *dados de dados*, estão excluídos do *âmbito e programa* da norma, na terminologia do constitucionalista F. Muller.
25. Por outro lado, e em contraponto, reconduziu-se a ingerência desencadeada, pelo acesso a *metadados*, à esfera de proteção da reserva da intimidade da vida privada, prevista no artigo 26.º, número 1 da Constituição.
26. Neste *iter*, argumenta-se: a postergação daquela norma não pode ser vista isoladamente, pois que o acesso aos *metadados* insere-se nas medidas legais que ao Estado compete desenvolver para acautelar o direito fundamental à segurança, previsto no artigo 27.º, número 1 da Constituição.
27. Donde, a concatenação dos dois parâmetros, impele-nos para a realização de um juízo de ponderação, à luz do artigo 18.º, número 2 da Constituição; juízo esse que, no caso concreto da Lei Orgânica n.º 4/2017, mas aplicável a outra de idêntico teor, é no sentido de considerar, necessária, justificada e adequada, a restrição ao direito à reserva da intimidade da vida privada.
28. É, por isso, imperioso assumir, com coerência, que as novas ameaças, de natureza transfronteiriça e multifacetadas, que pululam pela Europa, são reais e graves, devendo, por isso, conferir-se aos serviços de informações instrumentos de atuação idóneos a combater e antecipar, de forma eficaz e adequada, fenómenos como o terrorismo e a espionagem.
29. O incremento da capacidade legal de atuação dos serviços de informações deve, necessariamente, ser acompanhado de uma intensificação do controlo e fiscalização da sua atuação, seja por via de controlo judicial, seja por via da fiscalização parlamentar.

BIBLIOGRAFIA

ALEXY, Robert, *Direitos Fundamentais no estado democrático constitucional – Teoria discursiva do direito*, Ed. GEN, 2014.

ALEXY, Robert, *Princípios formais e outros aspectos da Teoria Discursiva do Direito*, Ed. Gen, 2014.

ALEXY, Robert, *Teoria dos Direitos Fundamentais*, Malheiros Ed. Ltda., 5.ª Edição, 2008.

ANDRADE, José Carlos Vieira de, *Os direitos fundamentais na Constituição Portuguesa de 1976*, Ed. Almedina 6.ª edição, 2019.

ANDRADE, Manuel Costa, *Sobre as proibições de prova em processo penal*, reimpressão, Coimbra Ed., 2013.

ANDRADE, Manuel Costa, *"Bruscamente no verão passado" – A reforma do Código de Processo Penal. Observações críticas sobre uma Lei que podia e devia ter sido diferente.* Coimbra Ed. 2009.

ANDRADE, Manuel Costa, *Sobre o regime processual penal de escutas telefónicas*, Revista Portuguesa de Ciência Criminal, Lisboa, Julho a Setembro, 1991.

ANTUNES, Maria João, *Direito Processual Penal*, Ed. Almedina, 2.ª Edição, 2018.

ARENDT, Hannah, *Sobre a violência*, Ed. Relógio d'Água, 2014.

BARRETO, Ireneu Cabral, *A Convenção Europeia dos Direitos do Homem Anotada*, 5.ª ed. revista e actualizada, Ed. Almedina, 2015.

CANOTILHO, José Joaquim Gomes, *Direito Constitucional e Teoria da Constituição*, Ed. Almedina, 7.ª Edição, 2003.

CANOTILHO, José Joaquim Gomes; Moreira, Vital; *Constituição da República Portuguesa Anotada*, vol. I, 4.ª ed. revista, Coimbra: Coimbra Editora, 2007.

CARNOY, Martin, *Os custos económicos da guerra contra o terrorismo, in* "Guerra e Paz no Século XXI – uma perspetiva europeia", Coord. de Manuel Castells e Narcis Serra, Ed. Fim de Século, 2003.

CASTRO, Catarina Sarmento e, *Comentário ao artigo 8.º da Carta dos Direitos Fundamentais da União Europeia Comentada"*, Ed. Almedina, 2013.

CHOMSKY, Noam, *Poder e Terror*, Ed. Inquérito, 2003.

COSTA, José Francisco de Faria, *Direito Penal da Comunicação – Alguns escritos*, Coimbra Ed. 1998.

CUNHA, Paulo Ferreira da, *Direitos Fundamentais – fundamentos e direitos sociais*, Ed. *Quid Juris*, 2014.

DIAS, José Figueiredo, *O novo código de processo penal*, Vol. I, Ed. Procuradoria Geral da República.

DWORKIN, Ronald, *Levando os direitos a sério*, Editora Livraria Martins Fontes, 2002.

EUROPEIA, Agência dos Direitos Fundamentais da União, *Surveillance by intelligence services – Volume I. Member State's legal frameworks e Surveillance by intelligence services: fundamental rights safeguards and remedies in the EU*, 2015 e 2017.

FERREIRA, Arménio Marques, *O sistema de informações da República Portuguesa*, Dicionário Jurídico da Administração Pública.

FONTES, José, *A constituição e os serviços de informações, in Segurança e Defesa, n.º 15*, Outubro-Dezembro de 2010.

GOUVEIA, Jorge Bacelar, *A afirmação dos direitos fundamentais no estado constitucional contemporâneo, in* AAVV Direitos Humanos, Coimbra, 2003.

GOUVEIA, Jorge Bacelar, *Direito da segurança – cidadania, soberania e cosmopolitismo*, Ed. Almedina, 2018.

GOUVEIA, Jorge Bacelar, *Regulação e limite dos direitos fundamentais, in* "Dicionário Jurídico da Administração Pública", 2.º Suplemento, Lisboa 2001, pág. 301 e seguintes.

GUNTHER, Klaus, *World citizens between freedom and secutity". Constelattions*, vol. N.º 12, n.º 3, 2005.

JAMAI, Aboubakr, *The moroccan case*, "Terrorism and internacional relations", Daniel S. Hamilton Editor, publicação da Fundação Calouste Gulbenkian.

LOURENÇO, Nelson, *Segurança, Sentimento de insegurança e estado de direito. O espectro axial da relação direitos, liberdades e garantias e poderes do Estado*, Revista "Segurança e Defesa", 17, 2011.

MEDEIROS, Rui *A Constituição Portuguesa num contexto global*, Ed. Universidade Católica, 2015.

MIRANDA, Jorge, *Direitos fundamentais*, Ed. Almedina., 2017.

MIRANDA, Jorge; Medeiros, Rui; *Constituição da República Portuguesa Anotada*, Tomo I, 2.ª ed., Coimbra: Coimbra Editora, 2010.

MULLER, Friedrich *Métodos de Trabalho do Direito Constitucional*, tradução de Peter Naumann, Ed. Síntese, 1999.

NOVAIS, Jorge Reis, *As restrições aos direitos fundamentais não expressamente autorizadas pela Constituição*, 2ª ed., Coimbra Editora, 2010.

NOVAIS, Jorge Reis Novais, *Direitos Fundamentais e justiça constitucional em estado de direito democrático*, AAFDL Ed. Reimpressão, 2019.

PEREIRA, Rui, *A segurança na Constituição, in Estudos de Direito e Segurança*, volume II, Ed. Almedina, 2015.

PIMENTEL, Irene Flunser, *A história da PIDE*, ed. Círculo de Leitores, 2016.

PINTO, Paulo Mota, *Direitos de personalidade e direitos fundamentais – Estudos*, Ed. GESTLEGAL, 2018.

REIS, Sónia e Manuel Botelho da Silva, *O sistema de informações da República Portuguesa*, Revista da Ordem dos Advogados, ano 67, III, 2007.

SILVA, Jorge Pereira da, *Direitos Fundamentais – Teoria Geral*, Ed. UCP, 2018.

VALENTE, Manuel Monteiro Guedes, *Teoria Geral do direito policial*, Ed. Almedina, 2012.

VILLALON, Pedro Cruz, *Formación y Evolución de los derechos fundamentales*, Revista española de derecho constitucional, Ano 9, n.º 25, 1989.

BECK, Ulrich, *As instituições de governança global na sociedade mundial, in* "Guerra e Paz no século XXI – uma perspetiva europeia", Ed. Fim de Século, 2003.

ÍNDICE

O acesso aos *metadados* pelos serviços de informações da República Portuguesa à luz da Lei e da Constituição